文学"鸡"因论

税清静 著

成都时代出版社
CHENGDU TIMES PRESS

图书在版编目（CIP）数据

文学"鸡"因论 / 税清静著 . -- 成都：成都时代出版社，2017.1
  ISBN 978-7-5464-1825-4

  Ⅰ．①文… Ⅱ．①税… Ⅲ．①书评－中国－现代－选集②序言－作品集－中国－当代 Ⅳ．①G236②I267

中国版本图书馆 CIP 数据核字（2017）第 018956 号

文学"鸡"因论
WENXUE JIYINLUN

税清静 著

出 品 人	石碧川
责任编辑	李　佳
责任校对	张　巧
装帧设计	修远文化
责任印制	干燕飞

出版发行	成都时代出版社
电　　话	（028）86742352（编辑部）
	（028）86615250（发行部）
网　　址	www.chengdusd.com
印　　刷	四川金邦印务有限公司
规　　格	145mm×210mm
印　　张	5.875
字　　数	150 千
版　　次	2017 年 4 月第 1 版
印　　次	2017 年 4 月第 1 次印刷
书　　号	ISBN 978-7-5464-1825-4
定　　价	30.00 元

著作权所有·违者必究
本书若出现印装质量问题，请与工厂联系。电话：（028）86930838

目录

1　文学"鸡"因论

7　《瞻对》：非虚构让文学回归历史的真实

10　就从梦说起

14　从《红橘甜了》看骆驼微型小说创作特点

19　旧事新解

21　古风今韵只为坚守

28　灵魂的呐喊

32　缕缕乡愁掠心头

36　多情不遗恨　秋收别空地

41　妙笔著攻心　只为颂伟人

45	我看《近看美国》
48	为你揭开藏文化的神秘面纱
53	我看到了你的右眼
62	诗歌的通俗吟唱
69	青春是一朵永不凋谢的花
74	诗歌天堂的幸运鸟
80	一个情字了得
83	再读《棋殇》
87	爱的诉说
91	子昂故里五月花
94	与一只鸟的对视
99	从费尽贤《白眼》看短篇小说写作技巧
104	爱心浇出幸福花

108　黄花飘香大爱无疆

115　探寻古蜀文明的新尝试

120　细入生活见真情

126　在失去童心岁月里寻找童心

131　雪域鹰鸣听羌风

136　天边飘来一朵云

141　静赏松风调　英雄怕年少

145　李桅诗歌的心路历程

150　一个铁道兵的诗意人生

156　卷舒开合任天真

162　历史大转折

170　戏说沙悟净的大智慧

177　后　记

文学"鸡"因论

谈及文学,有时容易给人造成一种高不可攀、阳春白雪的错觉,但若换个角度,用"下里巴人"的思维去考虑问题,会得出更加通俗谐趣的结论。这不,各位看官,今天我为大家带来的,便是来自生活的"文学'鸡因'论"——古人闻鸡起舞,我们不妨以"鸡"论文。

这是一个延续千年争论不休的哲学问题:到底是先有鸡呢,还是先有蛋?若先有鸡,那么此鸡是由什么孵化而来?若先有蛋,请问这蛋又来自哪位母鸡的腹腔?

若将作家比作鸡,代表作比作蛋,大家恐怕比较认可"先有鸡后有蛋";但也有一部分人站出来唱反调啊,盖因作者在成名之前,默默无闻,混迹于一堆飞禽走兽之中,"母鸡"的特征不明,身份模糊,只有佳作面世,才会如皇榜下旨,激动昭告天下：我是母鸡！我是能生蛋的母鸡！这样，走在路上，才会被人认可是母鸡。这也为"由蛋而鸡"做出了论据支撑。

　　作家与作品的关系，若是这鸡与蛋的关系，作家便需要以"不断生蛋"来证明自己是有资格被称作"文化母鸡"的，蛋下得越多，质量越高，才能越不辜负"鸡"生之重要使命。

　　那么，我们转入下一个问题：作家与非作家、蛋鸡与肉鸡的不同命运。

　　混迹在"文化母鸡"行列的，有一种是"假蛋鸡、真肉鸡"。何出此言呢？这种母鸡，它其实是不会下蛋的，一开始可能欺骗别人，让他人相信自己也能下蛋，但时光是检验一切真伪的最好标准，随着时日的推移，它谎话连篇，却连一只蛋都生不出，一篇作品都拿不出手。那么，谎言不攻自破，它也会灰溜溜地被"文化蛋鸡"扫地出门，沦落到"肉鸡"行列。

　　什么又是"肉鸡"呢？简单说来，就是不会下蛋的母鸡，等待它的命运，是45天长成之后，就会被一刀宰杀，供人吃肉炖汤，变作餐桌上一道菜肴。而只有蛋鸡，才配享有长久的"艺术生命"。这也说明了，一个不写东西的作家，根本就不是真作家；真正的作家，必须勤奋而刻苦，像蛋鸡一样勤勤恳恳地不停下蛋——作家也需要不停写作，不中断自己的写作生命，不断奉献出好的作品，才能真正成为被世人认可的好作家。

　　一只鸡，到底是选择当糊涂等死的"肉鸡"，还是艺术生命绵长深远的"蛋鸡"，需要用"鸡蛋"来说话。同理，作家一样得用作品来说话。那么，作为一只"文化蛋鸡"，究竟怎样才能生出高质量的鸡蛋呢？

作为作家，要深入生活，思考生活，研究生活，才能写出高于生活的文学作品，这已经不是新论，而是说得人耳朵生茧的"老套训诫"了。道理虽老，却自有它颠扑不破的真理精华之所在。现在市面上有为数不少的文学作品，拎起来一翻，作家文笔似乎华美，故事也讲得曲折起伏，但就是经不起推敲——一旦认真叩询，细节处处败笔，破漏十足，难圆其说！造成这种尴尬状况的原因，就在于这些作品是"天生缺钙"的。

不知大家有没有认真观察过母鸡啄食：它的胃口可谓是"海纳百川，有容乃大"，碎米碎谷子，那是母鸡的"精致佳肴"；青菜小豆子，那是母鸡的"开胃菜"；小虫子，是母鸡心爱的"荤点心"。但最让人觉得不解的是，母鸡会主动啄地上的小石头小沙砾吃。母鸡并不傻，和美味佳肴比起来，石头既没味道，又难以消化，可它为何要伸长脖子，艰难地将这些东西咽进肚子呢？因为这些并不美味的沙石能帮助它们磨碎和消化那些佳肴，通过有效吸收形成体内不可或缺的钙质，为鸡蛋形成光滑的硬壳，否则，它所下的蛋只能是"软壳蛋"，先天不足，不成气候。

为了能生下蛋壳坚硬光滑、造型美观的鸡蛋，母鸡是必须要含辛茹苦的。常言道，"食得咸鱼抵得渴"。一个不辜负自己光荣使命、具有高度责任心的母鸡，亦是"食得沙石补得钙"的。作为一个作家，看书一定要尽量全面，那些钻牛角尖，只读"高大上"书籍，或者只专注于某一个"针尖"的作家，不是写不出好东西，但毕竟是少之又少。对于大多数写作者来说，胃口"杂"一点，更能让自己吸收更多更丰富的知识养料。有些看似和文学写作无关的书籍，貌似不起眼的"沙石"，适度地吃一吃、补一补，可能短期看不出有多大的营养价值，但积淀在身体中，那就是了不得的"钙质补剂"。

当一只"不挑食的母鸡"很重要，但怎么才能产下"能孵出小鸡的鸡蛋"呢？新的问题又产生了。

妇孺皆知，母鸡所生的鸡蛋有两种，一种是能孵出小鸡的，另一种则不能。能孵出小鸡的蛋，必然是母鸡"受精"之后所产的鸡蛋，这就需要公鸡的参与了。

刚才我们将作家与作品的关系，比喻成母鸡和鸡蛋的关系，那么，母鸡艰难产下鸡蛋，难道是希望别人将鸡蛋拿去，做成煎蛋或者白水蛋，囫囵一口吃下肚，从此烟消云散？这大概是"文化母鸡"最不愿看到的情况吧，它们更希望自己的蛋能孵出一窝小鸡，到时鸡生蛋蛋生鸡，子子孙孙无穷尽也，就算百年之后，有人看到这母鸡后代，还会感谢德高望重的它当初不辞辛劳生下"受精蛋"。

一只母鸡，为了能孵出一窝小鸡，尚需要与公鸡作两性交流。一个作家，若闭门造车，又怎能写出传世佳作？这是一个开放的时代，是多种文化相互融合的时代，任何故步自封，带来的都只能是坐井观天的尴尬结果，无法让人得到长足进步。

文化界有时会出现这么一种怪现象：体制内的作家看不起体制外的作家，认为他们是野路子，没有走正规作家的"金光正道"；而体制外的作家又反过来对体制内的作家翻白眼，认为体制内作家因循守旧，抓着"传统"的尚方宝剑不放，最后只能将路越走越窄。其实，不管是体制内作家还是体制外作家，都有着他们特有的写作优势和个人特色；若将彼此的优点相互融合，多向对方学习，一定能吸收别人长处，弥补自己的不足。

思维的交融，文化的交流，才能让一个作家获得生机勃勃的成长力量，也才能让一只有着"当妈妈"远大志向的母鸡，下出能孵化可爱小鸡的"受精蛋"。作家需要多种文化的碰撞融合，体制内的与体制外的作家的无隙交流；同样，作为一只"老母鸡"，亦有带好"新母鸡"的"传帮带"责任。

功成名就、为世界留下了无数文学瑰宝的"老母鸡"们，它们是有责任也有义务来做好对"新母鸡"的"传帮带"工作的。纵观历史发展，不管是哪个行业，哪种工作，让有经验有资历的前辈来提携后人，引领后人，指点后人，都属于历史的必然。文学史上，佳话甚多，师承之风，从古到今都未断绝过。

所以，作为一只已经为人类文明做出杰出贡献的"老母鸡"，千万莫"独善其身"，还要懂得"传道授业解惑"，为"新母鸡"做好表率作用，做好模范带头作用，扮演好"良师"角色。而作为初试啼声的"新母鸡"，也切莫骄傲自满，以为自己成熟到能下"蛋"了就沾沾自喜，看不起"老母鸡"的善意指点，即使是批评、指正或鞭挞，那也是"老母鸡"对"新母鸡"的文学期许，字字珠玑，句句肺腑，对于"新母鸡"未来的发展十分有益。

当我们明白了老母鸡要做什么，接下来，再谈谈新母鸡应该做的事。

不知大家发觉没有，新母鸡下了蛋，特别是"处女蛋"，它会红着脸孔，"咯咯咯"地四处散播快乐消息，小翅膀一扇一扇的，小嘴巴一张一张的，小脚爪激动得微微战抖。它心里那个喜悦欢欣，简直可以作首歌谱了曲来唱了：咯咯咯，咯咯咯，下蛋真快乐！

所以，一个作家出了书，也不该沉默地放之不管，有时该唱就要唱，该宣讲就要宣讲！这时，如果为新作召开文学作品研讨会，就是"新母鸡"在昭告天下：我生"蛋"了！敬爱的前辈们赶紧来瞧一瞧，我会虚心接受你们的指点和挑剔，不管你们想说我蛋壳上有瑕疵，还是鸡蛋表面不够光滑，或者蛋黄蛋清比例失衡，我都虚心接受！重要的是，要帮助我进步，我也会努力，下一次生出更加完美的鸡蛋！

有的作家太过专注于"清高"二字，即使千难万险生下了"处女蛋"，也不好意思让自己的作品呈于专家级别的"母鸡"之前，让它们挑挑拣拣，这样反而不知其短，在下一次创作时，很可能犯"处女蛋"所具备的小小毛病；而那些勇敢的"新母鸡"，早早就懂得"老母鸡"言传身教的重要性，它们愿意敞开心怀，虚心接受来自文学界的一切声音——不管是赞誉还是批评，不管是和风还是暴雨。

关于文学的"鸡因"论，我是有感而发，自成一言，还望各位辛苦生蛋的"文化母鸡"们多多补充指正。在文学的后花园，让我们能彼此交流，为人类文明产下更多更优的"营养鸡蛋"而努力吧！

《瞻对》：非虚构让文学回归历史的真实

——读阿来新作《瞻对》

著名藏族作家、四川省作家协会主席阿来耗时5年精心打造的新作《瞻对：一个两百年的康巴传奇》，获得2013年度人民文学奖的非虚构作品奖。这部蛇年的收官之作，无疑为四川文学发展写下了浓墨重彩的一笔。他一改以往写作手法，以生动的笔触和大量丰富翔实的史料，为我们讲述了一段独特而神秘的藏地传奇，再现了长达两百年的瞻对历史，是其继《尘埃落定》《空山》《格萨尔王》之后，又一部宏大的藏地史诗巨作，也是"四川省优秀原创文学作品创作出版资助资金"支持的首部作品，无疑会为四川文学的发展奠定新的里程碑。

与我们通常看到的虚构的小说相比，《瞻对》给读者展现出了非虚构文学作品最大的优点就是真实地记录历史，真实地再现人物，把思索和感悟留给读者；而且紧扣时代脉搏，贴近大众读者。

翻开《瞻对》，你会发现一种历史的厚重感扑面而来。瞻对在今四川甘孜新龙县一带，对于这样一个天高地远、川藏之界，总共只有两三万人的弹丸之地，从1730年到1950年的200余年间，清政府7次重兵征讨，死伤那么多士兵，百姓却从未被真正征服，民国时期在川藏双方争夺中摇摆不定，直到1950年，中国人民解放军第十八军仅派出一个排，未经战斗就解放了瞻化县城。瞻对，这个生顽的"铁疙瘩"终于完全熔化，终于熔化在历史的洪流中。如何解释这一现象？只有一个答案，就是势，大势所趋。阿来始终执着于藏族文化的探究与思考，尤其是面对哺育他的康巴地区之川属藏族文化，他几乎表现出某种痴迷的状态。作为川属藏族人的后代，阿来通过自己的反思和重审，再度重构了这段历史。但是关于藏人和藏地的传奇却远远没有终结，这或许才是作者耗时费力撰写这部长篇小说的初始动机。

在省作协的院子里，时常能见到阿来主席的坐骑———辆蓝色的三菱越野，该车最大的特点就是车轮磨损严重。阿来总能写出如此优秀的作品，关键在于他能深入生活，沉得下去，能接地气。他热衷行走，回归大地母亲，追源求真，对历史现场进行人文"勘探"。《瞻对》正是他数十次踏访瞻对旧地的历史现场，千辛万苦搜集真实史料的基础上写成的。即本着学术的严谨态度，搜集、整理、分析纷繁浩杂的历史材料，又兼顾了文学的可读性和生动性，在芜杂的史料中为我们梳理出了这部三十一万字、浩浩荡荡的藏地传说，两百多年的时空被浓缩在沉甸甸的书页里。除却偶尔铺陈一点作者的自我感悟，其余都以引用史料的形式留给故事里的人和事兀自诉说，充分体现了阿来对民族历史文化的深切关注与探究，同时彰显出其作为一名优秀作家维护国家利益、民族利益的宏阔视野与社会责任感。

《瞻对》的写作，让阿来找到了一个表达内心多年愿望的最佳途径。正如书中所说：这些过去一百年两百年的事，其实还很新；只不过主角们化了时髦的现代妆，还用旧套路在舞台上表演着。诸多陈年旧事，映照今天现实，却让人感到新鲜警醒。"作者站在人类文明的高度去反思和重审历史，并在叙述中融入了文学的意蕴和情怀"——这是对阿来的肯定和褒奖。回归历史真实，反映当下民生，关注社会现实，文学对于阿来本人而言有着更本源、更真切的意义，文学把他又带回到现实世界当中。近年来，我国少数民族地区出现了一些不稳定的苗头。阿来一直在用作家的眼睛，关注这样的冲突和现实。是不是藏区所有问题都是民族问题，都是宗教问题？阿来想让历史事实来回答这样的问题。马识途老先生曾经说过："为天下人立言乃真名士，能耐得住大寂寞是好作家。"我们期待着阿来主席更多更好的非虚构作品。

就从梦说起

——读沈重《危楼旧梦》

那年，83岁高龄的沈老，亲自到省作协机关来向大家送他新出的散文集《危楼旧梦》，每本书的扉页上都工工整整地写着："×× 同志指正"，让我等文学后辈既受宠若惊又诚惶诚恐。后来时任创研室主任孙建军说准备给沈老组织几篇评论做个专版，怀着对沈老前辈的景仰和爱戴之情，我欣然应允。可是从何谈起呢？沈老的书名《危楼旧梦》里有梦，那就从梦说起吧。

"除了梦想，我一无所有。"沈老从十几岁就开始做梦，做的是作家梦。时间是上世纪40年代中后期，地点在上海，因为是"一个穷学生，长衫口袋里揣着几个零钱，只够买烧饼的，顾了物质就顾不了精神，又没有孔乙己老先生那种勇气，只能望书兴叹而已。但也学会了一种补救办法：站读。

长年累月下来,不知不觉就接连做起梦来。"《我的两个旧梦》还记录了沈老的另一个梦,就是编辑梦。因为看了大作家们的手稿,"这是我第一次'发现'编辑,第一次对编辑产生崇敬之情。""我于是就想,成不了大编辑,当一名小编辑也好,不但可以经常读到作家的手稿,还可与作家交往,不亦美哉!"

　　此外沈老还有许许多多的梦想,如诗人梦、从军之梦、挺进大西南解放全中国之梦,从公交车上的"三只手"想到的反腐倡廉之梦,从朝山的石阶想到自己甘为人梯之梦,从教授鸡丁想到的提高作家待遇之梦,从国画大师张大千临摹敦煌壁画特展想到的成都国际历史文化名城之梦,从看黄河母亲想到的环境保护之梦,自己身处危楼常常梦想"安得广大厦千万间,大庇天下寒士俱欢颜",等等。凡此之梦,沈老不知做了多少。一如他《学诗答问:一封有关创作的通信》所说:"有关'梦'的词语,我在诗中用得较多,意境不同,用法自然有异。有凄清的、有明丽的,有好梦也有噩梦,大都与时代有关。有时面对'无梦之梦'的世界,那是诗人浓缩了许多梦之后留给后来者的一种超然的感悟。"

　　梦是客观现实生活的反映,把我们的梦用文字的方式记录下来便成了文学作品。梦是会开出花来的,沈老做编辑数十年,不知培养出了多少娇艳的文学之花。

　　"散文,是一切作家的身份证。"沈老从1946年开始发表作品,近70年文学创作和编辑,《危楼旧梦》也许是他的收官之作。这本散文集子收录了沈老上个世纪40年代至今的散文、序跋、书信共计65篇,真算得上是跨世纪作品,就是他自己的革命史、奋斗史,也是一部"黑白片子"的中国现代史,还是他人生与祖国的一部情缘史。正如他在《学诗答问：一封有关创作的通信》中所说："我自懂事以来，大半生中一直有一种人在旅途、漂泊不定的感受，仿佛始终在追求着什么，一颗心老是安顿不下来。我们这一代人经历得太多了，也许，这既是财富，也是负担。即使在抒写当前的感受时，也难以摆脱历史负荷。"因为他心中有梦，才一直追求自己的理想，才能写出那么多与时代息息相关的好作品。

　　沈老的每篇文章都有视野的广度和思想的深度。他很会讲故事，他的不少散文篇什都会讲述奇妙的故事，使得他的散文叙事功能很是强大，通过讲故事来展示一定的思想和价值观念，如《租山大板召》《猎人阿宗》《石屋老人》等。他的作品艺术性很强，他惜墨如金，字字句句都有用，没有装腔作势华丽的辞藻，文章自然、朴素、清新、饱满，他把散文写得像诗一样深情，像诗一样美。他用诗化的言语描述方式，更是创造了一种醉人的意境美。或将概述性语言形象化造成意境，或用拟喻描述，把实景虚幻化，构成美妙诗境，以寄托缠绵诗思，或借用，或化用古诗词入文，也使得文中平添几分诗意。"我相信文学到了最高境界都必定是诗。"列夫·托尔斯泰说："我永远不知道哪里是散文和诗歌的界限。"沈老将散文写出了诗的色彩，写出了诗的意境，这才是文学艺术的本真，这才是文学艺术的永恒。读他的散文，总会有一种眼前一亮、豁然开朗的感觉，恰如在春花烂漫的山野小径上寻幽探胜，一路走来，山一程、水一程，树一片、花一片，数不尽的妙景奇观，美不胜收。一再阅读，始终不会觉得审美疲劳。

这一切都源自于沈老心中有梦,他对人生充满了希望,对生活充满了热爱,对待文学创作严谨认真,从不草率,从不随便,不以伪劣产品欺世;他总是专心致志、精雕细琢地写作,反反复复地推敲斟酌,尽力使其完美无瑕。就像已故著名诗人孙静轩在《晚开的黑月季》中对他的评价一样:"他就像一只啼血的杜鹃,哪怕是歌喉撕裂,啼出的是血,但毕竟是为爱而啼。"

　　沈老的很多梦已经变成了现实,还有一些梦也将变成现实。如果每个人都像沈老这样心中有梦,为梦而奋斗,我们中华民族伟大复兴之梦何愁不能实现。

从《红橘甜了》
看骆驼微型小说创作特点

微型小说在中国源远流长。在阅读先秦寓言和先秦散文时，从《韩非子·守株待兔》《吕氏春秋·刻舟求剑》《战国策·画蛇添足》以及《论语·长沮桀溺耦而耕章》《庄子·庖丁解牛》《孟子·齐人有一妻一妾》中，就可以看到微型小说的胚芽和雏形。具有真正意义的微型小说在我国魏晋时代就已产生，近现代发展更是迅猛，上世纪五六十年代，全国有近十家省级出版社编辑出版了微型小说选集，文坛巨匠茅盾还写了《一鸣惊人的小小说》等专论，对日益蓬勃兴起的微型小说创作做了理论上的总结。近年来，尤其是四川省小小说学会重新改组后，掀起了我省微型小说创作新高潮，创作成果十分喜人。随着微型小说作家、作品的不断涌现和对微型小说评论工作的逐步展开，微型小说正越来越多地受到省内外广大人民群众的青睐。《西南商报》的骆驼就是四川省微型小说创作取得丰硕成果的作家之一。

骆驼是四川省小小说学会副会长,他先后在《北京文学》《百花园》《中国铁路文艺》《飞天》《短小说》等刊物上发表大量小小说作品,多篇作品被《小小说选刊》《微型小说月报》《文学报》《知识窗》《感悟》等报刊转载,并入选《2011中国微型小说》《中国微型小说300篇》《中学生一世珍藏的小小说》《年度最适合中学生阅读的微型小说》等选本。其中《红橘甜了》《春到梨花开》等3篇曾获全国微型小说年度评选奖。下面我们就以《红橘甜了》为例,来探讨骆驼微型小说创作的特点和技巧。

一是篇幅精短。微型小说的特点可以概括为短、小、精、深,即篇幅短、容量小、内容精、思想深刻。它正好适应改革开放时期社会变革迅速,社会思想变化快,人们渴求跟上时代快节奏步伐的现代化潮流;内容通俗易懂,读来省时省力,易于为各阶层读者所掌握,并可满足各阶层人们对文艺多层次的需求。微型小说虽篇幅短小,但能以短见长、以少胜多、平中见奇、微言大义、含蓄隽永。目前,微型小说已成为与海外文化交流的一个重要文学品种,并已进入大中小学的课堂。骆驼的《红橘甜了》全篇只有1430个字,几分钟内即可读完,可谓短小精悍。通过"红橘"这一载体,敏捷、迅速、轻便地反映现实生活,向读者揭示了什么是父爱。骆驼的小小说作品《红橘甜了》《拒绝》《苦夏》《春到梨花开》《发报员刘菊花》等,被收入安徽、福建、浙江、湖南、湖北等省市中考语文试卷、高考语文质量检测题中。

二是虚实结合。《红橘甜了》中，父亲第四次催我了，催我干什么呢？父亲说，这场大雪过后，红橘更甜了，硬是甜得入了耳心呢！父亲的意思，要我快些回去，一来尝尝今年红橘的味道，二来帮他将那些果实拿到集市上去卖。开篇直接切入主题，红橘是哪来的呢？那些红橘树，是十多年前我刚参加工作时，为了表示儿子的孝心，从外地买回去的，并且是同父亲一起栽下的。从此，父亲便精心侍弄那些树苗，把它们当成儿女来照顾管理，看见红橘第一次花开，他如同看到儿子当年第一次叫爸爸、第一次走路……父亲在电话里像孩子见到第一场雪那般激动。父亲说，白压压的满树枝啊，香气跑了好几里呢！那几月，我们隔几天总接到父亲的电话，橘子有指头大了呢！橘子有乒乓球大了呢！橘子有鸡蛋大了呢！有些橘子有黄色了呢！有几个橘子全部黄了呢！其实，这是父亲寄托对远方儿女思念的最好办法。是的，父亲总是在说红橘！是的，骆驼也一直围绕红橘在写，并没有直接写父子之情，真正是"不着一字，尽得风流"！这种化实为虚间接表现的手法给读者留下了极其广阔的想象空间，可谓神奇瑰丽，摄人心魄。

　　三是巧用衬托。反复通读《红橘甜了》，你会发现：雪是白的，橘是红的；父亲看着我们一家三口甜甜地吃着甜甜的红橘，我们劝他你老也快尝尝呀，父亲说，我早吃过了，一天好几个呢；后来，每年一场大雪后，父亲便会来给我们送红橘。然而，妻子却有了怨言，说爹怕是糊涂了吧，红橘现在几角钱一斤，来去的车费就要几十元，该买多少红橘呀！岂知亲情、父爱怎能用金钱衡量？作者巧妙地运用几句简单的对话,而更深一层次地暗示城乡两代人之间的代沟,折射出了现今社会淡薄亲情的现象,并无形中批判了这种现象。我将六十九元八角所谓卖红橘的钱送到了父亲手上并哄骗父亲说,今天碰到几个外省人,将果子抢购一空,价格比往年高出近一角钱呢!听到这话,父亲脸上满是欣喜的神色,说,太好了,明年,我要更细心地照顾它们。运用衬托手法,能突出主体,或渲染主体,使之形象鲜明,使主题突出,取得吸引读者眼球的效果,给人以回味无穷的感受,可谓色彩斑驳,趣味盎然。

　　四是微中见细。现代社会科学技术的迅猛发展,毫不留情地加快了现代生活的节奏和进程,快速紧张的生活节奏限定了人们输送和接受信息的方式和内容。优秀的作者能在精美玲珑的短小篇幅的作品中,深刻地揭示某一方面的生活本质,这就要求作者在创作中即注意微型化,同时要注重细节描写。《红橘甜了》里面有诸多的细节描写,如当我们一家三口回到老家,父亲正坐在堂屋的火塘边,望着树上的红橘发呆,看到我们,父亲先是一愣,随即便孩子般叫着母亲的名字。我看见父亲眼中的泪水滚落下来,父亲抹一把泪,说,这屋里,烟子太大了……后来,我将"卖红橘"的钱交给父亲时,我别过脸去,说,这屋里,烟子太大了……父子二人的流泪,都说是"因为烟子太大了"呛出的眼泪,巧妙运用语言描写及心理描写成功地刻画人物。真的是烟子呛的吗?是人都有父母,无须说明,迟早"你懂的",可谓情意缠绵,发人深省。

　　众所周知,微型小说只是截取生活中具有特殊意义的一个片断、一个插曲、一个镜头,及时迅速地反映生活。骆驼的创作还有很多特点，如他作品里所刻画的人物一样是都成功的，每个人物都有代表性，都能在现实中"对号入座"，其人物在故事情节中的地位和作用，或强或弱，分寸把握比较好，从而使他的小小说能尺水兴波、引人入胜。他的微型小说作品总是能以小见大，见微知著，充分反映出他对生活的深刻观察与思考，他展现给读者的是社会生活的一个又一个缩影，他的作品引起读者的联想与思考往往比题材本身的内容和体量多得多。

期待着骆驼更多更好的作品问世。

旧事新解

——序熊游坤《双河镇旧事》

其实我并没见过熊游坤,但是,我知道他在文学的道路上颇有建树,且因他与我有着同样的军旅生涯经历,于是我答应为他这部新版旧作写上几句,以表对他这位文学老兵的敬意。

中国文化博大精深,几千年来,中国读者都喜欢读那种以一个人或者一群人的经历为主要线索,通过与个人性格、命运有关的内容,从侧面反映一个时代一个地方的社会风貌的小说。这也是现实主义流派创作剧本的重要手法之一,用这种手法创作出来的文学作品厚重、真实,对人生、对社会都有相当的积极意义。从《双河镇旧事》可以看出,熊游坤正是成功地运用了这种创作手法。

《双河镇旧事》体现了作家高超的艺术概括力、文学水准和叙事能力。作家注意了情节的丰富和曲折，对人物，尤其对主人公安排了错综复杂的人生经历，不断让人物处于矛盾的旋涡中。同时注意从多个侧面塑造人物，不仅写他们的奋斗与进取，也细致地表现他们的情感生活。这些手段，对丰富内容、丰满人物，起到了不可低估的作用。

《双河镇旧事》展示给读者的是一种积极、向上的人生态度，人生即使处于万般艰难困苦和挫折之中，也决不消沉、决不放弃。这一点也反映了作家的精神面貌，只有积极向上的人才能写出积极向上的作品来。作家在作品中倡导积极的精神，才是作家社会责任感的具体体现。

《双河镇旧事》体现了一个时代的精神能量和心灵变迁，能让人看到希望，感到光明。剧本《双河镇旧事》1994年曾经改编为11集电视连续剧《永远的女人》，由中央电视台出品，在全国30余家电视台播出。如今重新出版，事是旧事，书亦是旧作新版，但在目前或者未来我国精神文化发展过程中，仍然会充分发挥其积极意义；阅读之后，有助于人们坚定理想信念，从中汲取到振奋和阳光。

古风今韵只为坚守

——序马继清《马蹄声碎》

　　中国的诗文化博大精深，源远流长。通过众所熟知的诗经、唐诗、宋词、元曲，我们能够了解中华民族各个历史时期的文化、思想、生活、政治、艺术等方方面面的内容。

　　所谓"古诗"，原意是指古代人所作的诗。约在魏末晋初，流传着一批魏、晋以前文人所作的五言诗，既无题目，也不知作者，其中大多是抒情诗，具有独特的表现手法和艺术风格，统称为"古诗"。最具代表性的"古诗"当然就是《古诗十九首》了。晋、宋时，"古诗"被奉为五言诗的典范。到梁代，刘勰《文心雕龙》、钟嵘《诗品》从理论上总结评论了"古诗"的艺术特点和价值，探索了它们的作者、时代及源流，并大体确定它们是汉代作品。萧统《文选》及陈代徐陵的《玉台新咏》，又从诗歌分类上确定了"古诗"的范围：凡无明确题目的作品，有作者的称"杂诗",无名氏者为"古诗"。此后,"古诗"已形成一个具有特定含义的专类名称,与两汉乐府歌辞并称,并发展为泛指具有"古诗"艺术特点的一种诗体。

　　古诗可分为古体诗和近体诗。古体诗又称"古诗"或"古风";近体诗又称"今体诗"。古体诗是依照古代的诗体来写的。在唐人看来,从《诗经》到南北朝庾信的诗,都算是古体诗,没有一定的标准,不受近体诗的格律的束缚。唐初开始形成的,在字数、声韵、对仗方面都有严格规定的格律诗,就是我们所说的近体诗。唐代及以后的诗人,无论写古体诗还是近体诗的,在中国诗歌的天宇,布下了晶莹闪烁璀璨夺目的繁星,诗骨、诗仙、诗圣、词圣、曲圣……他们的作品,为炎黄子孙乃至全世界人民留下了无比宝贵的精神食粮,以特有的中华传统文化元素丰富了世界文化宝库。

　　到了近现代,西风东渐,中国向西方敞开了大门。1917年2月,《新青年》刊出胡适的《白话诗八首》,宣告了中国"新诗"的诞生。此后,新诗诞生前从《诗经》以来的辞赋、古风、律绝、词曲,及新诗诞生后现代人沿用古典诗歌的形式创作的、表现现代人生活和情感的诗歌作品,被界为"旧体诗"。

　　五四文学革命兴起之后,新文化运动的倡导者们认为中国古代诗体(包括古体诗和近体诗)不利于表现当代的社会生活和思想感情,主张废除旧的诗歌形式,借鉴西方的诗歌,采用白话写诗,于是新诗迅速繁荣,产生了大量优秀的诗歌和不少杰出的诗人。1957年,《诗刊》《星星》创刊,新诗正式在官方注册。在以"新"为"革命"、为"现代"的文学价值取向的影响下,旧体诗日趋边缘化,在各种版本的中国现代、当代文学史著作中,很少能够找到有关"旧体诗"的内容。然而,旧体诗的阵地仍有不少人在坚守。《毛主席诗词》《朱德诗选集》和董必武、陈毅及众多革命先烈的旧体诗歌发表和出版,特别是上世纪60年代,毛泽东与梅白谈话时说的"旧体诗要发展,要改革,一万年也打不倒",给了坚守者以无穷的信心。虽然旧体诗的创作在相当长的时间里好像只是一股暗流,借社会文学团体涌动,却具有无比巨大的力量,因为这里包含着中华传统文化的内核。1994年,《中华诗词》创刊,面向海内外发行;2011年9月,中华诗词研究院经中央机构编制委员会办公室批准成立;2014年,《中华辞赋》在国内正式发行。于是,旧体诗的坚守者们终于有了官方的平台,涌动的暗流亦可洋洋于天地间,唐风宋韵重现嚁呔。2014年9月,习近平在北师大说:"我很不赞成把古代经典诗词和散文从课本中去掉,'去中国化'是很悲哀的。应该把这些经典嵌在学生的脑子里,成为中华民族的文化基因。"2015年10月,习近平《在文艺工作座谈会上的讲话》发表,指出"实现中华民族伟大复兴需要中华文化繁荣兴盛""中国精神是社会主义文艺的灵魂",希望文艺战线和广大文艺工作者"创造出更好更多的文艺精品"。这无疑给坚守者们注入了一支强心剂,激发出坚守者们创作的奋进心和责任感。

盛世兴文更兴诗。旧体诗和新诗是中华诗坛的两棵佳木,虽然形式有异,却应始终连着中华传统文化这根脐带,吸取中华大地、华夏民族的营养,长成世界顶天立地的巨树,以圣洁、高贵、灿烂的诗歌瑰宝反哺祖国母亲。

马继清先生是一位退休老师,也是这群诗坛坚守者中的一员。他在推出《涪陵低唱》《溢江诗情》两本诗词集后，又将其近年的诗词赋整理成集《马蹄声碎》，准备出版发行，并再次嘱我作序。我因工作繁忙，本想委婉推辞，但见马老师在信中为中华传统文化大声疾呼而不忍推脱。他在信中说："现在习总书记倡导传统文化复兴，我辈当尽绵薄，以实际行动抵制'去中国化'的狂潮，捍卫中华民族的传统文化大本营。"还说，前不久，他接触到一个地方文化杂志主编，该主编甚至宣称："我坚信不久的将来，传统诗词一定会灭迹！"但马老师坚信，只要方块字还作为中华文化的载体，传统诗词就一定能继承并发扬光大。只要这块阵地上还有勇敢顽强地扛传统诗词大旗的坚守者，中华传统文化就一定会澎湃为世界文化的主流。

我不擅长传统诗词，但作为一个文学组织工作者，深为马老师的这份坚守所感动，借机与广大文学爱好者一起对我国旧体诗的前世今生进行回顾，希望对大家阅读马继清先生新作《马蹄声碎》有一定的帮助。

马继清先生新作《马蹄声碎》里，其近体诗均未标"律、绝"字样，和古体诗（少数）辑于一部，或许正可体现先生传统诗词创作的主张——弘扬传统而不拘泥。如他在《作诗有感》中写道："古人无意举，莫当有心为。师古毋拘古，新庖传古炊。"又如《有悟》："阿瞒伏枥心，诗鬼拏云志。伯玉泣幽州，青莲辞蜀地。易安寻觅情，苏子醉江意。古圣先贤众，恭法毋拘泥。"先生的词，从小令到长调，皆标明词牌，遵守传统规范，切合《词林正韵》，一丝不苟。婉约豪放，现实浪漫，任性所至，随意而为，为读者展示了另一片天地。

先生之赋,骈四俪六,散句工对,长篇短制,技巧娴熟;吟花咏草,描麟绘羽,融情寓志,生动传神。这些诗词赋中,乡镇风貌,黎庶打拼,社会正能量,活现字里行间。至于新诗,数量不多,但也不乏佳作。全书将传统诗词赋与新诗合编,也表达先生一个意愿:诗人亦可兼学兼做,传统诗词与新诗皆是中华诗苑里的鲜花,各种花儿争奇斗艳才是中华文化继承发展繁荣昌盛之大观。这种意愿在他的诗里即有体现:"宿干新枝同戴日,如娘似子一脐连。西风难撼炎黄脉,东土永炊盘古烟。花粉泛传生变异,根基深植守天然。蜂疯蝶喋无须惧,华夏林荣环世巅。"(《宿干新枝论》)"花园万紫千红美,未见芙蓉屏海棠。雅士嘉宾陶醉处,锄镰乱舞或癫狂。"(《无题》)

能以文字作画,是诗人必须具备的素质。披览先生的《马蹄声碎》,我们可以随着先生的笔触,或者说先生的视角,去游览祖国大好河山,欣赏写意或工笔的美丽画卷,感受豪放或婉约的情致,那山、那水、那史、那人,如在目前;那感、那悟、那情、那理,点通灵犀。如"夹道琅玕列指天,依稀掩映尽巉岩"(《登黄山》),如"截水新安蓄巨湖,星罗千岛若漂浮"(《游千岛湖之梅峰渔乐岛龙山》),如"燊海有名深井者,盐都标志史留传"(《参观燊海井及自贡盐业历史博物馆》),如"屡遭排谪吟无懈,次韵相酬居易从"(《达州元稹纪念馆吊微之》);若"造化自然谁可媲?崇高伟大愧吾侪"(《咏张家界》),若"涤净些许铜锈色,擎觥执盏可神仙"(《七彩飞瀑》),若"旧貌瘾三成历史,高楼洁道展新颜,突飞经济喜空前"(《浣溪沙·游上海南京路》),若"黄粱熟了须清醒,自信自强穷亦通"(《鹧鸪天·谒文庙》)。要是读过先生的《涪陵低唱》《溢江诗情》,或能更好地体会先生笔下的诗情画意。

心忧天下,爱寄祖国,情系苍生,歌吟生活,目及毛羽花木瓜菜,也是诗人的秉性。先生集子中,不乏此类吟唱。如"近平英九,新加坡国欣牵手。五洲四海佳音走,福祉和平,两岸共坚守。　谨防台独魂难朽,妖言惑众豺狼吼。一衣带水同袍钮,牢记汪辜,九二谕童叟。"(《一斛珠·赞习马会》)"甲午接连伤马航,年头三月失南洋。哀号啜泣声犹在,错愕惊疑影又亡。方压雪,又加霜,吉隆坡已断肝肠,山毛榉弹遮迷雾,拭目乌俄辩短长。"(《鹧鸪天·马航MH17乌俄边境坠毁》)"看我中华崛起,担责提纲,宇内依归。"(《锦堂春慢·铸剑为犁——中华和平发展观》)"老天不解民心结:久旱最伤情。"(《秋波媚·久旱》)"偌大汤圆老手搓,红糖拌馅豆沙多。煮沸一锅真喜气,窗外丹曦渡雾河。"(《腊八晨做汤圆为餐》)"严冬好入童翁被,酷暑卧凉墀。大庭叱犬,花丛逐蝶,憨若娇儿。"(《眼儿媚·咏猫》)"聚而群之,如赳赳壮士列伍;和而唱焉,似洋洋歌者登场。"(《雄鸡赋》)"华夏海棠名气佳,易安曾问卷帘娃,绿肥红瘦几枝斜。"(《浣溪沙·海棠花》)"当菜充粮能果腹,养生祛病亦疗伤,雕灯为画刻诗行。"(《浣溪沙·南瓜》)"碧绿叶荫,笼颗颗硕果如金蛋;坚劲枝丫,挂串串甜柚似葡萄。"(《赋永红矮晚柚》)先生诗词的衷肠,为读者娓娓道出:伟人举止,维系国家民族的命运;飞机坠毁,隐藏世界局势的危机;铸剑为犁,赞我中华大国的担当;旱灾,揪心彻肺;汤圆,莹润沁心;小猫,憨态可掬;雄鸡,气魄恢宏;海棠与文史链接,南瓜同民生对撞;而柚果,亦看得见农民专家血汗凝结的精华。

　　宣扬正确的价值取向，传递正能量，当代诗人责无旁贷。先生的集子中，讴歌祖国建设新貌，赞扬救死扶伤节假不休的医护人员、头顶烈日指挥交通的警察，记述灾后重建业绩，描写纪念抗日战争胜利七十周年暨盛大阅兵场景，融进鲜明的时代元素，融合着励志、感恩、自豪和幸福，能洞见诗人的赤子情怀。

　　是的，我们赏读《马蹄声碎》，可以尽情享受传统诗词的语言之美、意象之美、音韵之美、手法之美和意境之美。

　　先生在《对镜——原来我是这么一首古律》中，以幽默的语言表述了他今生的追求："首句白霜欺黑毛，颔联偏恋剃须刀。颈间当笑拴银链，体上堪羞着敝袍。骶后似乎非豹尾，囊中的确有风骚。此身合是诗人未？望项灵均酹碧涛。"而《题牛》中那"老卧夕阳知限至，哞声遗世韵悠悠"的况味，又是何等的坚贞与悲壮！为了马老师的这份坚守，为了中华民族的复兴大业，为了中国文化的繁荣发展，为了在诗词的高原上耸起高峰，我们是不是也该做点什么呢？

灵魂的呐喊

——读徐文中诗集《喊命》

初识徐文中,是在四年前的一次饭桌子上——他以双流县文联副主席兼秘书长身份来陪我喝酒。作为客人,我没醉;作为主人,双流县作协主席周开华人家也没醉,结果是徐文中把自己给陪醉了。我离开时,他已经站不起来了。我说徐文中,你还像个诗人!前些天,参加新津梨花节笔会,他主动来挨到我坐,结果他又把自己给整醉了。真的不是我酒量好,是"狗日"的徐文中太耿直了太诗人了!徐文中并不是天天都醉的,这盘又醉了,是因为我欠他一篇评论,要账来了。去年四月,他的新诗集《喊命》面世,他要我给他写评论,甚至把书寄到了我下派挂职锻炼的边远小凉山金口河。书不看不打紧,一看吓一跳——他的诗写得太好了!我便以工作繁忙等理由搪塞,一直拖到没有给他交作业,最主要原因是怕写不好,对不起他的诗。

在物欲横流金钱万能的世界，诗歌走进了备受冷落的时代；精神世界一片空虚的今天，诗歌正遭受前所未有的嘲讽，变得一文不值。然而，徐文中却在拼命地挣扎，从他的灵魂深处发出一声声高亢的呐喊——这就是《喊命》，就像以死抗争、唤醒诗歌走进春天的诗人海子！《喊命》由喊命、宿命、追命和抗命四个篇章组成，在这四个篇章里，他向读者分别阐述了命的声音、命的颜色、命的步履和命的翅膀。读徐文中的诗，会是跟你的灵魂进行对话，正像他的题记：写了这些／也改变不了／我终究一天也会死亡……多年后的今天／是我的轮回／也是你的轮回。明明知道了结果，还要继续前行；明明知道酒要醉人，还是要喝个底朝天——这就是诗人，一个真正的诗人。

普通的诗歌常常书写的是作者的欢喜、书写的是作者的忧愁、书写的是作者的情感、书写的是作者的抗争和斗志。徐文中的诗充满了自己的个性色彩，在他的诗中，我们能够看到他的身影，听到他的心声，读到他的娓娓心语。在他的诗里没有那些卿卿我我恩恩爱爱朝朝暮暮，他的诗痛就是痛、苦就是苦，没有那些无病呻吟，他的诗里只有灵魂的对白。正如他自己所说，诗歌精神就是一首诗的灵魂，没有灵魂的东西肯定是空洞的。徐文中是这么说的，也是这么做的。为了给命一个说法，他说，要么请把我架到一个掉下来就能摔死的高度；他说，我曾在冥河里漂游，尝过孟婆汤的滋味，那滋味如何？我却从来不敢去想象，他是敢于直面人生直面命运直面灵魂，而我却总是选择逃避！他曾发表过《元旦社论：

狗日的 2012》。他说，狗日的 2012/ 你来了 / 请坐 / 用不着那么客气……其实，2012/ 我并不怕你，老子真正地不怕你。他在《炼命》里写道，世界末日算什么 / 其实，我早就把每一天当成了末日 / 我在世界在，我无皆无。这不是简简单单地不怕死了，这已经上升到了哲学的高度。你看，灯油熬尽，烛炬成灰 / 朗读黑暗之诗，我再次看见 / 我脚下踩着的地球 / 原本就是一块烧红的铁板。这让我想起传说中一种残忍的吃鹅掌的方法——把活生生的鹅赶到烧红的铁板上，鹅便在铁板上跳出一生中最美的最后的一段舞蹈。等到那鹅的两掌均匀受热直至烫熟被砍下来让人们享用之时，也就是那鹅的生命结束之时。生活在这个地球上的人，无一不是踩着那烧红的铁板，舞动着自己的青春和命运。

  在去年召开的全国文艺工作座谈会上，习近平总书记说："艺术家应该成为时代风范的先行者、先觉者、先倡者。"这是对文学艺术家所负责任的郑重提醒，也是对一个文学艺术工作者所应追求的思想与艺术高度的明确要求。徐文中就把写诗从热爱上升到了一种责任。他试图用诗歌去表达对生命的解读，对灵魂的解构；他希望通过自己的作品，去感化生命。为了这份责任，他在《祭命》命中发出呐喊：在不忙的时候，抽个空闲 / 以命祭血，用血祭命，为命践行……岁月之上，你渴望 / 豢养一只狼，从小只教会它吃草。他在《喊命》中写道：好想穿过夜晚的子宫 / 被再生一次，与尘埃分手。这分明是一种对命运的不满和抗争。他甚至对自己的人生进行了总结：《简介：1963—？》。其中写道：在灿烂的光焰中抽出一丝黑暗 / 等待光阴失身后的挽留……好想蹲下来化作一朵有毒的蘑菇/让关上的死亡之门/推开另一扇死亡的窗户……上帝,你能拯救我的肉体/却不能拯救我的灵魂……透过这些文字,可以看到一个血淋淋的徐文中在火红的铁板上挣扎,他的胸口还插满了无数柄市侩的剑,他比那只跳舞的鹅还要惨。于是,他便一次次买醉,用酒精来麻醉自己的灵魂,努力去《学会忘记》:虽然白天很短,黑夜更短,从而在每天的黑白间隙/手淫光阴……

　　徐文中的《喊命》,包容了他自己独立而完整的世界,从他的诗里我们读出了他的人生经历、内心情感、思想境界以及艺术见解。所以,一个真正的诗人只有通过自身去着力表现生命与生存、人类与时代,才能创作出无愧于今天的真正诗来。

缕缕乡愁掠心头

——读彭家河《在川北》

那年南部作协主席王丛地出版了一本《棋殇》在成都开新书发布会。会上,有个帅哥很忙活,他便是南部县文联常务副主席彭家河,我们后来便成为了朋友。

一天,他打电话说出了本集子,请编辑老师给我送过来。不日一本装帧上乘的《在川北》送到了我的手上,书名是大作家莫言所题,这让我还有点刮目。于是觉得还是要认真地读一下这本书了。《在川北》一书收集了作者70余首散文,依据散文内容分为"彭家的家""草木年华""彼岸烟花""笔墨行走""小城春秋"和"十年转身"六个版块。

当读到首篇《我的大学》"学校前树丫上挂的一截铁管做的钟……"我便想起了我的小学、初中生活都是在这个钟及其独特的钟声陪伴下度过的。我觉得我应该写一篇名为《一缕乡愁掠心头》的东西。随着对该书的深入阅读，我发现他勾起我的乡愁何止一缕啊！于是有了《缕缕乡愁掠心头》。"那截铁管也不知挂了多久，锈黑的铁丝已嵌进树干深处，在斑驳的树干上勒出了一道古怪的深沟。"那分明是我的小学射洪县汪家桥小学那个钟嘛！现在空下了一大片校舍，"听说有人在里面养鸡"。我老家的大多数村级小学的校舍现在都沦为了鸡圈、猪圈，我不知道这到底是好事还是坏事。总之，如今的乡村早已不是三十年前的乡村了，对故乡的思念多半只有靠回忆了。所幸有彭家河这本散文集，帮我还原了家乡的风土人情与民俗风光。《远去的乡村》中"远远望去，村庄是大山抱着的一个个孩子。鸡鸣犬吠、炊烟山火，便成为大山温馨的音画时尚……青瓦土墙上不倒的炊烟是村庄高高飘扬的旗……村头的石碾石磨，是一台台古老的留声机，长年不紧不慢地旋转，播放着嗒嗒的牛蹄之声和乡间最柔曼的岁月金曲。"彭家河俨然成了一位浪漫主义诗人。"潺潺溪流""深邃的老井""古老的石碑"这些都是构成一个古老村落的重要元素，当然更重要的是要有生龙活虎的青年后生，但是"孩子们一个接一个地走了，村子渐渐空洞。孩子们走了，也把村子一块一块地搬走了，留下的，只是村子曾经的记忆。"如今的乡村，早已是十室九空，剩下的已经连"3860"部队都不是了，大多只剩些七十、八十、九十岁的老人在独守着一座座飘零的村庄。电视里的新农村除了在电视里还有省道国道两边，在我的老家却并不曾看到。除了彭家河，不知道还有谁在思索："比起人丁，乡下的草木已日渐兴旺。""与我老家一样，李家湾、蒲家湾、杨家山的那些院落也慢慢人去楼空。老的去世了,年轻的外出打工去了,年幼的也跟上年轻的父母进城当上了民工子弟。他们在乡下的家园日渐荒芜,还给了草木。""想起故乡,那些青山绿水便成为叫作文字的抽象符号,那些风花雪月便成为怀乡时的隐隐伤痛。"《在川北》文字流畅,乡土气息浓厚,字字句句无不凝聚着作者对家乡故园的无限思恋与热爱。麻溪寺小学、端午的龙舟、遥远的社戏、乡下的傩傩、弯弯的山路以及老井、花灯、过年与猴戏和爆米花,还有从我记忆里消失的"鸭客"又跃然纸上,更丰富了我对儿时的记忆与家乡民俗的无穷回味。

作为一个读者,我认为,一部好的文学作品,一定要能够引起读者的共鸣,一定要能够给读者留下些有益的东西,一定要能够给读者留下一些启迪,哪怕是给读者留下一些思考或是问题;否则,就只能算是垃圾,不值一读,更不值一提。如果说《在川北》可比《平凡的世界》,也许有点夸张,但是要说《在川北》里能读出《平凡的世界》的味道,那是一点都不为过。二十年前读《平凡的世界》时常常使人热血沸腾,主人公的身世和奋斗历程仿佛就是真实的自我经历。我宁愿相信书中的叙事都是真实的,"在我十岁那年,我便在幺爸的带领下,背着一口箱子来到了麻溪寺。""在地上铺出一块一米宽近两米长的草垫子,再把自己家带来的篾席铺上,这便是我今后三年的窝了。""从此,我便开始了离家外出求学的历程。"忍受了无数《饥饿的细节》,吃过了多少次夹生的甑子饭,参加了多少次无偿背煤义务劳动课,这是现在孩子可能永远都无法体会或者想象到的磨砺和摔打。彭家河同学再回麻溪寺时已经是彭家河老师了。在这个偏远川北深山中的乡村小学,中师毕业的彭老师并没有放弃自己的梦想,在别人"自虐也成为一种寻求乐趣的方式"时"我便把兴趣转向了阅读"。"四年里自学完成了中文专科和本科的课程,还到处寻找可以读的文字",并把沈国放作为自己的榜样,"更加沉醉在自己不可知的阅读世界"。努力地复习参加考研,甚至在四川大学旁听和偷听吴信训教授讲课。让人不得不联想起曾经在过道上旁听文学讲座的阿来和龚学敏,现在早已是著名的文学大师和诗人了。也正是因为怀着对知识的无比渴望,对工作和生活的无比乐观和热爱,对文学的无限执着和追求,才使得彭家河能取得今天事业上和文学上的成就,才能有我所看到的《在川北》。

　　人活着,活的就是一种精神。《盐水蛋汤》告诉我们,"自己的处境已经是最差的了,即使出来闯不出什么结果,也无所谓,大不了还是最差的。如果真会有什么结果,那我砸碎的是锁链,收获的将是整个世界。"

　　愿彭家河能在文学的世界里收获更大的果实。

多情不遗恨 秋收别空地

——读杨枝林诗集《秋收与空地》

最近,商人杨枝林出了本诗集《秋收与空地》,圈内炒得有点火,小型"发布会""研讨会"开了几次,该诗集的评论文章也陆续见报,评价甚高。忍不住也来凑个热闹,啰唆几句。

杨枝林做过先生,教书育人时就发表过诗,下海从商后仍然写诗,实在难能可贵。从他的诗歌中,能够看到他选择诗歌并坚守一种诗歌精神。这些坚守不仅需要敏锐的观察和思考能力,更需要一种超脱和勇气。虽然那可能是出于精神上的需要,源于发自内心的喜欢和崇尚,但现实的生存压力,很容易让人轻易地放弃,诗歌在现实利益面前,是很脆弱的。在这个被很多人称之为"诗歌已经死了"的时代,杨枝林能一直坚持下来,始终坚持着自己的诗歌信仰。这种坚守本身,不仅诠释了内心自我的那种纯粹,对接了生命个体独立在世间的那份拥有自我的权利,更是诗人的一种传承与开创的责任。或许正是得益于这种坚持到底的诗歌精神,才造就了商人杨枝林。

  我觉得无需刻意界定他是商人还是诗人,说他是"情人"似乎更为准确一些。你看他的诗歌,乡情、亲情、友情、爱情,尤其是爱情的题材占据了该诗集的大部,说明爱情同时也占据了他大部分生活和人生。一个天天生活在爱情之中的人是幸福的,同时也是痛苦的,注定他将快乐并痛着。一个多情之人必是容易心动之人,也是性情中人,通病是多愁善感。性情中人对于美女有着一种天然的亲切感,是一种发自内心的欣赏和喜爱,敢爱敢恨。喜爱多了,喜爱深了,用情多了,用爱深了,投入大了,会有很多忧虑与彷徨,害怕失去,害怕受伤,恐惧容颜变老……他会感到更大的压力,会受到更多关于爱与不爱的考量,会受到更多关于爱与被爱的煎熬,就会引发一系列的情绪波动,就会感慨良多,就会更加多愁善感。于是,我们才看到了这本诗集。

  生活就是真相,艺术来源于生活,又高于生活。正因为这样,通常情况下,什么样的人做什么样的诗。杨枝林在《骷髅与灵魂》中写道,"如果我爱你,你就在我的灵魂里/如果不得不分离/就让我在一次悲壮中,成为一具骷髅吧/在漆黑的时空里默默地等你"富有哲思的语言,是诗人对爱的态度和表白。在《垂钓》里他说:"你顽强的竿/垂钓的是解决的方法与快感/浮漂一动不动地静止/你盼望的竿/垂钓的是一篓星光和邂逅/蚊虫疯狂地叮咬你握竿的手/其实,你垂钓的/是痛苦与欢乐并蒂的一生/你两手空空走进家门/

其实，你垂钓的／是爱人娇滴滴的嘲讽／和这一夜疲惫后香甜的鼾声"。其实这是诗人自己的心声，他自己垂钓的是一份爱和一个家，只是不知读诗的人能否上钩。但很多时候，诗人会对自己的爱有《草莓》里"在阳光下鲜艳／在岁月里香甜／可是，一碰就碎"的感觉，因此才会爱得《死去》活来，"可是我，并不想救你／一心想让你死去"。于是，诗人才要《寻找你的桃花源》"请给我一缕导航的星光／我想在你的春天里，落英缤纷／我想在你的灵魂里，男耕女织"，才有了《不能忘记的日子》"让时光去见证／我们奔腾的激情／让大海去等待／我们命运的归宿"。因为自己的多情，所以晚上失眠《深夜心语》"你的影子，整夜都在放大"；因为自己的多情，所以《我不知道》"一滴泪水怎样收藏／并将它栽种成一棵／为你开花结果的树……我只知道，我是一颗果实／在成熟的季节里等待／等待你，用你的一生／去细细地，细细地品尝"；因为自己多情，所以在《千年雨巷》里"绝望而痛快地喘息了／是你苟且的快感／将我圣洁的灵魂烧成了灰烬／一千年前，你就在雨巷的那头／一千年后，我仍在雨巷的这头"。在《面对来临》里"我不再犹豫／要么，勇敢地死亡／要么，潜入你的灵魂"。读到这里的时候，读者会产生非常震撼的感觉。这是诗人勾勒的智慧世界，内心的守望，或者是一种期盼。作者将那份执着的情感经由诗歌，呈现给读者，带给读者自然的美感，修辞的美感，情感流露的真切。这些细腻的笔触都是美的源头，饱含着诗人无穷的情思。但是，通过作者的文字，我们也从另一面感受到了诗人内心深处隐含的忧伤和落寞。诗人又试图摆脱压抑，冲破苦闷抑郁勃发的情结，让读者感受到一股奇崛不平之气。我想，爱情可以抚慰人的心灵，纯化人的感情，使人忘记喧嚣的俗世中的各种烦恼，找到人生的启迪和生命的灿烂芳华。杨枝林对爱情的《坚守》"就让不可重回的生命／去见证我美丽的忠贞"， 坚守不变的是诗心，或者是对爱的固守，绝不随波逐流。看上去的确少了些"不求天长地久只求曾经拥有" 的浪漫主义理想境界，这才是真正的杨枝林。

诗歌是凝聚了诗人全部性灵和心血的产物，不仅有其浪漫和诗意的一面，更有其对纯洁与美好生活的代言及颂扬，和对丑恶现象与肮脏灵魂的鞭挞及痛斥的一面。所以我认为，对于诗人的呕心沥血之作应该予以尊重和珍惜。有人说杨枝林的诗歌少了点洒脱，多了些柔肠。其实不然，君不见《土司·罂粟·牦牛及女人》"马背上的男人，背上长出Y形的枪／是牦牛、罂粟与女人让他们如此骄纵／只有白户雕，敢擦着他们兽皮的帽檐飞翔／一阵让康巴汉子胆寒的风，呼啸而过／鹰，才是云彩和草地之间最大的王／那是无数英雄天葬的归宿"就大气磅礴；在《生命之门》《盆地与高原》等都有一种雄性的鼓荡力量，强烈得如高度烈性白酒，能把软弱的人呛个半死；再看《大渡河》，"是时间的点滴，汇成的一棵大树／横卧于川西峻岭野蛮地生长／从岷江之滨蓬勃至雪山之巅／支流是树枝，在岁月里繁茂成荫／树头上，弄出星星点点的村庄／结出古往今来的男男女女／演绎着藏汉的悲歌与壮美"。他把滋养一方热情奔放的大渡河比作生命之树，再穿越"文成公主跨越了树的横亘／跨越了藏汉的楚河汉界／树，从此不再是界碑／乾隆三打金川……"到"飞夺泸定桥"的历史纵深。亦有大渡河"金口河大峡谷，是万钧雷霆将英雄劈倒／躺下时在山野间砸出一道深深的伤痕"的雄浑与壮观，在阔大雄健的气象之中，渗透着一股勃郁之气。更有"于是大坝，是一把把锋利的电锯／将大树拦腰斩断，切割成无数的孤魂／咣当一声，大树倒了／所有美丽的传说，被摔成一地鸡毛／树汁汹涌成红色，淹没了嘉禾／那是鱼儿们的泪水，在发出绝望的怒吼"。这哪是鱼儿的怒吼，这分明是环保主义者在怒吼！他恨贪婪的人们"他们喝着可口的乳汁，却在盘算／那肥美的乳房该怎么食用"，这时他完全忘了自己就是一个水电商人，此时的他只是一个诗人，一个纯粹的诗人。

在物质社会中，诗歌的功能已经被所谓"大众化""娱乐化"的东西所替代，很少有人去细想除开物质层面的丰富，还有心灵世界需要滋养和沐浴纯真，体味那种诗性的光芒所带来的无言的快乐。但是我觉得，诗歌至少还有另一个益处，那就是比音乐更神奇之处——能迅速治疗心灵的伤痛，缓解浮躁不安的心绪，让我们可以暂时忘记繁琐的世事，让疲惫的心灵得以憩息。所以，我们要放下《美丽而沉重的十字架》，不管多情也好，秋收也好，但愿多情不遗恨，秋收以后别空地。因为广大文友还想看到空地里开出的朵朵《夏荷》，再来不及也要继续《采蘑菇》。

妙笔著攻心　只为颂伟人

——序《罗荣桓：共和国第一攻心元帅》

　　五千年中华文明史，尤以近百年来，在中华民族伟大复兴的道路上，特别是从旧民主主义到新民主主义革命，为实现民族独立和人民解放，建立人民共和国，再从新民主主义过渡到社会主义的伟大历史进程中，造就了一大批灿若群星的历史伟人。他们引领着历史的方向，渲染了历史的色彩，点缀了历史的天空。历史由他们书写，由他们创造。他们曾站在时代的风口浪尖上奋力拼搏，曾经以其叱咤风云的政治生涯深刻地影响了历史的进程，曾经以其深邃的思想睿智推动了中华文明的进步。罗荣桓，就是其中最杰出的代表之一，他是湖南省衡水县寒水乡鱼形镇南湾村的一位农民，他更是我国伟大的无产阶级革命家、军事家，我们党、国家和军队的卓越领导人，中国人民解放军的创建人之一。他为人民军队的创建与发展，为中国革命战争的胜利，为保卫和建设社会主义祖国做出了重大贡献，建立了不朽的功勋，深得全党全军和全国各族人民的爱戴与崇敬。罗荣桓，这个响当当的名字，应当永远被世人记住。我的老战友汪顺华做了一件大好事，他历时数年，不知查阅核实了多少有关罗荣桓元帅的档案资料，采访了罗荣桓生前的战友、同事、下属及家人，耗费了多少时间和精力，才得以形成这十余万字的非虚构文学作品《罗荣桓：共和国第一攻心元帅》。该书以严谨的文笔第一次全面展现了罗荣桓元帅的智慧与谋略。

作为世界上最古老的文明之一——中华文明，和中国人的智慧对世界影响巨大。从茹毛饮血的远古时代，到封建文明极度繁荣的唐宋、明清时代，中华民族创造了无数的辉煌与成就，许许多多智勇双全的英雄豪杰在历史的长路上留下了自己的足迹……诸如孔子、孟子等的智慧与鬼谷子、孙子等的纵横谋略，至今在全球的军事和经济等领域仍影响深远；三国名相诸葛亮更是家喻户晓、老少皆知，今天不论哪里来的游客到了武侯祠都会在那著名的攻心联前久久驻足。所谓"攻心"，就是从精神上或心理上瓦解对方。语出《战国策·韩策三》："夫攻形不如越，而攻心不如吴。"自古兵家之道，攻心为上，可见其卓尔不凡。罗荣桓是有名的、卓越的政工元帅，在实现"枪杆子里面出政权"的同时，保证"党指挥枪"，在以党治军、政治治军上做出过杰出的贡献。他带兵待人，善于研究人、理解人、关爱人、体贴人、任用人、宽容人，把自己的心交给人，也赢得了别人的心。对敌人，他充分研究敌人的心理，斗智斗勇斗心法，处处得先机，每战占上风。

罗荣桓在长期的革命战争中，戎马一生，参与、领导和创造了许多经典的战斗、战役和战法。用"攻心"来总结罗荣桓元帅的军事指挥和政工才能应该是准确无误的。虽然，大智大慧的毛泽东在罗荣桓元帅去世后曾感叹："君今不幸离人世，国有疑难可问谁？"但用"第一"来定语罗荣桓元帅的"攻心"，那得让本书来一次详细而周密的论证。于是，汪顺华在《罗荣恒：共和国第一攻心元帅》中用了"爱兵如子，以党治军""相让为国，三战三捷""六大套路，纵横山东""'争''统'结合，攻心为上""'挤''打'两手　控制大局""梁山伏击　堪称经典""料敌如神　绝妙突围""分散独立　人民战争"八个章节来进行回答和阐述，充分论证了他是共和国第一"攻心"元帅。例如，他的一套组合拳打出六大套路，从而纵横山东无敌手，连毛主席都不得不称赞：山东只换上一个罗荣桓，山东全局棋就下活了。山东的棋下活了，全国的棋也就活了。山东把所有的战略点线都抢占和包围了。只有山东全省是我们完整的、最重要的战略基地。北占东北，南下长江，都主要依靠山东。又如，他指挥的经典战役梁山伏击战，成功运用谋略全歼300余精锐日军，缴获日军四门火炮。在双方兵力相当、日军火力处于很大优势的情况下，八路军取得了全歼日军一个大队的战果，大大提高了广大指战员坚持平原游击战的信心和勇气。再如，他审时度势指挥的著名的留田突围战斗，充分利用敌人心理上的"盲点"，指挥部队，敌进我进，反插敌人最密集的地方。一夜之间，我军三千余人无一伤亡，安全地突破了5万日寇的"铁壁合围"，罗荣桓的神机妙算使一一五师这支英雄之师再次化险为夷，死里逃生。这些精典战例读来让人过目不忘，精彩之处更是令人不禁拍手称绝。

　　大江东去，浪淘尽，千古风流人物。揭秘历史之路，追寻伟人的足迹，既是对我们现实生活的追问，也是向在这片华夏热土上生活过的杰出先辈致敬。《罗荣桓：共和国第一攻心元帅》这部作品，汪顺华撷取了罗帅一生中最辉煌的几个历史时期，采用了每个章节运用一个或者数个战例或者故事来论述罗帅的一个"攻心"观点和谋略，章节之间相对完整独立，又相互联系，全篇贯穿一体，充分展示了罗帅独特的领导指挥艺术和政治工作才能。作者治学严谨，文笔流畅，因而该书史料翔实，内容丰富，情节生动，人物刻画栩栩如生，呼之欲出，读来扣人心弦，令人赞叹不已，是一部全面研究罗荣桓元帅和中国现代史方面具有重要参考价值的著作。相信广大读者不仅能从中得到政治、军事、文学、哲学、医学等方面的知识，还能从伟人的事迹中获得丰富的人生启迪，更能通过了解罗荣桓元帅，了解中华民族的灿烂文化。

我看《近看美国》

说实话,我是个"土包子",还没有去过美国,也不知道美国到底是什么样子,直到最近看了程奇生老先生的新作《近看美国》,犹如身临其境,对美国和美国人的生活才有了更近一步的了解。

程奇生是四川省作家协会会员,成都市大邑县人,做过县文化局领导、宣传部副部长,是位政治立场坚定的老党员。文章无定式,风格更无定式,其以53篇日记体形式记录自己在美国探亲半年时间的生活和所见所闻,集结而成的散文游记《近看美国》,内容真实丰富,语言亲切平实,文字准确生动,数据详尽具体,没有夸大其词的拔高和崇洋媚外的阿谀。他只是以一个普通人、一个游客、一个家长的视角走近美国、近看美国,并客观、公正地把自己的所见所闻点点滴滴记录下来，给广大读者带来了这本图文并茂的作品。

散文是一种具有知性美与感性美的文体，游记亦不例外。所谓知性，就是知识见解。"散文的知性该是智慧的自然洋溢"。"所谓感性，则是指作品中呈现的感官体验；如果在写景、叙事上能够把握感官体验而令读者如临其境，如历其事，这部作品就称得上'感性十足'，也就是富于'临场感'。""许多出色的散文，常见知性之中含有感性，或是感性之中含有知性，而其所以出色，正在两者之合，非两者之分。"程奇生的游记，在带给读者知性、让我们了解到美国老百姓的生活状况，如食品、药品、上学、就医、交通、社会交往等等的同时，还让广大读者有更多感性的、理性的思考。如《家庭学校》记述："美国允许孩子在家里读书，从小学到高中都可以，由自己的父母教学。教育部门对他们有统一的教学大纲，统一的考试地点、时间和内容要求。大学才必须在学校读书。"《重视动手能力的学校》和《不要课本的学校》也为读者真实展示了与我们完全不一样的教育体制："美国小学各年级都不发课本，教师按照教育部和县教育局规定的内容、要求上课。教学必须和手工结合，使知识得到加深，得到应用。学生的成绩只有本人知道，不准公布，不准排名次，学生没有优越感和自卑感。学生不准跨学区选择名校，只能在自己居住区的学校就读。"而我的儿子从读幼儿园开始到现在读小学，为了他能读书、有书读，为了下一步能读书、能在好一点的学校读书而参加各种补习班辅导班，以及应对老师在家长会上的训诫，不知道花费了和还要花费多少精力和财力？我不崇洋媚外更不主张照抄外国，但老祖先提出的"洋为中用"

我觉得是不错的,于我有利的现成的好经验好方法,我们为什么不可以借鉴?

除了美国的教育,程老先生还为读者全方位、多角度地展示了美国的社会、环境、政治、经济、文化、医疗、宗教和人情世故等方方面面。如,自己跟着女儿购物、参加各种节日活动、到朋友家做客等等,既充分展示出了客观世界的真实性,又巧妙地表现了主观感受的强烈性和鲜明性,更是尽情地显示出作者情感世界的丰富与深厚。尤其是亲情的展示不得不提,一个年近古稀的老人,为了见到远方的亲人,"独闯到美国"。"这趟远行心有余悸"。在巴尔的摩县女儿独闯美国时就读陶森大学。他《找到梦里寻她的地方》,"女儿远离我到生疏的美国去读书,我又没钱寄给她,全靠她打工挣钱支撑局面,我心里一片荒凉和内疚、伤心,每时每刻都牵挂着她。"《孙女儿,再见!阿伯儿,再见!》中写道:"分手的时刻总避不开,终于硬闯到我面前来了。我把孙女儿抱起放下,又把小孙子阿伯儿抱起,亲了又亲。这时我在这个家半年来的时时事事,一股脑儿涌上心头,我的眼泪止不住流出来了。"这些都是亲情的自然流露。

大千世界,人生百态和事物万象在每个人眼中的光影映象大抵是相同的;然而生发出一种思想,凝练出一种感悟,描绘出一种意境,则需要不同寻常的眼光。程奇生是宣传战线的老人,大邑有名的笔杆子,他是把他的智慧才华、丰富情感自然融合在他那极具创造力和表现力的文辞中。可以说,他的每一篇文章都能给读者一个惊喜。我们期待着他更多更好作品面世。

为你揭开藏文化的神秘面纱

——评彭莉《格桑梅朵》

千百年来,藏文化一直被一种神圣而又神秘的氛围所笼罩,对于很多人来说,藏区永远是他们心目中向往的天堂。那些雄奇风光、风俗习惯、隐秘历史、神奇的传说……都充满了无限的诱惑。然而我却无须跋涉那万水千山,更不用"享受"那颠簸的旅途之苦,品着茶就领略了神秘的藏文化——因为我正在看彭莉的《格桑梅朵》。

格桑是幸福之意,梅朵则是花儿。彭莉这朵幸福的"花"曾经在藏区盛开了整整15年!藏区的人文已经根植于她的骨髓。她对藏族人和藏族人的生活太熟悉了,她的小说气质是悄然无息的、冷静如水的,读后却让人心颤。在她的眼里,男人像山一样伟岸,女人像海子一样空灵。那里天是蓝的,云是白的,阳光充足,河水清澈;那里的人都是心里有诗的人,在那里随便捡起一块石头都觉得是有灵性的。

然而，人们总是生活在纷繁复杂的现实生活中，现实给人以激情，又往往给人许多的无奈，不管是情愿还是不情愿，现实总是存在着各种各样的矛盾，时间也在不经意间消磨，永远回不了头。小说便是在各种各样的矛盾中徐徐展开：

要花朵还是要生命？"父亲看到了一朵金色的格桑花，在草丛中冒出了头脸，它静静地站在父亲的斜对面。那好看的花朵瞬间幻化成女儿如娟的小脸蛋……粗壮的松树倒下去，一定会把它砸得粉身碎骨的。

"父亲一个箭步斜着冲过去，重心的失衡使父亲一屁股坐在了地上。他快手摘下格桑花，三步并作两步撤往高处，那棵柏树发出了撕心裂肺的惨叫。

……

"柏树已经横躺在地上，它的断杈枝丫插进了父亲的腹部，父亲直挺挺地站在那里，鲜血在高辉的眼里绽起一片红霞。"

发展经济还是破坏生态？"巴登的目光向着远方，答非所问地说，'森林是地球的毛发，山石是地球的骨骼，河流是地球的血液，地球生病了，鱼水情更深了。'巴登像念什么经文般呢喃着向山上的庙子里走去。

……

"山上那片树林被砍伐后，光溜着，雪地里的哨旗格外醒目，山那边的人将红旗摇动几下，这边所西就把绞盘机启动得轰轰直响，声音在空旷的山林里久久地回荡。

"这时，天地间突然响起了崩裂的声音，大地发怒地剧烈摇晃着，顷刻间飞石似雨，尘沙如梭……"

或许在多数人印象里，藏区有雄浑秀丽的自然风光，有虔诚的宗教信仰，因为缺氧不是常人能去的地方，而显得很神秘，可这些都是藏区的"表象"。《格桑梅朵》会告诉你活生生的藏族人的生活、传统和风俗。"耍坝子，就是内地的春游。""认骨头，就是你们汉人说的认血缘。""喝茶叫'呷桶'，吃饭叫'ra马ra'，谢谢叫'卡竹'，你好叫'雅古都'"等等。藏族人结婚场面描写甚为详尽："柳如娟一时慌了神，赶快穿上藏族新娘装。先别上扎西送的银质发卡，再戴了马珠、嘎乌、手镯等装饰品。这些东西穿戴在身上，柳如娟感到自己比背了一背筐树苗还重，这服饰，恐怕有四五十斤吧。

"……洛桑带了一队人马，还牵了一匹备给新娘骑的打扮考究的马。马匹的颜色是黑色的，黑色与柳如娟的属相相吻合，这匹黑马还是一匹怀孕的母马……

"到了家门，'亲戚的门用哈达开'。早有人为新娘准备了下马垫子，柳如娟下马时正好踩在白毡垫中央，垫子由装着青稞、麦子的口袋做成，铺上五彩锦缎，麦粒撒成'万'字形。从下马、进门上楼入厅，每次都得唱一次颂歌，献一条哈达。阿爷、桑丹在主人位置，柳如娟入厅后，坐在所西下手，吉祥八宝图案的瓷碗早预备好，四四方方的羊毛毡铺垫在客厅，迎亲和送亲的队伍也依次入厅坐定，先喝一碗茶，再喝三杯青稞酒，再吃酥油人参果。

"神秘的佛教藏医巴登喇嘛手持雕有护法神秘吉善金刚的小刀，吐口唾沫，唾沫里立刻溢出一股麝香味。

"巴登喇嘛用刀背在桑丹背上轻轻滑过，桑丹立刻疼得哇哇大叫。末了，巴登喇嘛叫扎西去东山上捡回五粒白石子，又叫多吉到西面山上捡回五粒黑石子，然后放在铁锅里炒，不用铲子，只用手指翻搅。巴登喇嘛用红布包着滚烫的石子，口中念念有词，对准桑丹的腰轻轻熨烫，桑丹立刻觉得腰不疼了。"

还有辛勤的藏区山村女教师为藏区儿童带去无限正能量的形象："柳如娟每天一大早就到教室把火炉生燃，烧一壶藏茶，预备着中午学生们吃糌粑时喝……柳如娟照例打开饭盒，把米饭分一份在盒盖里自己吃，把饭盒里的那份留给达瓦吃……'好了，同学们，今天这米饭和回锅肉大家都有份，是老师特意给你们准备的。'……德格村小学的建设就这样拉开了序幕，村小的学生暂时到柳如娟家里上课。晴天，柳如娟就在院坝里给学生们上课；雨天，柳如娟就把娃娃们叫到客厅里……"

爱情故事永远都是小说的主要构成部分，《格桑梅朵》也不例外。热情奔放的达瓦央宗向扎西大胆示爱、二毛盯上了达瓦央宗、柳如娟与扎西的爱情跨越了种族的界线，剪不断理还乱。正如巴登喇嘛经文般呢喃"鱼水情更深了"，"藏汉一家亲，民族大团结"这个偌大的问题就这样轻而易举地展开了，而且成为小说要表达的主要思想之一贯穿全书。

"'阿爸，你说我们家前世是不是汉人呢？咋就跟汉人这么亲呢？你和我阿妈是藏汉结合，扎西又娶个汉族媳妇，藏族人和汉族人结合来结合去，我都不晓得下一代到底是藏族人还是汉族人。''是汉人也好，是藏族人也罢，何必分得那么清楚，反正我们都是一家人。你身上流的是我的血，扎西流着的是你的血,我们身上流淌着同样的血,是黄皮肤、黑头发的血。'"

  仁者见仁,智者见智。彭莉的这本《格桑梅朵》还有很多值得关注的看点,她给读者未知的世界打开了一扇窗户,使他们产生了阅读和求知的欲望,这既是因为文化和地域差异造就的,更是作家的文学才华和勤奋努力的结果。如果彭莉对藏区生活没有真正的参悟,她是无法把藏族人的信念和自己的信念完全融合在一起的,对信仰的认识、对文化的认识、对风土人情的认识,都不可能成为她挖掘再创作的原始积累。

  阅读《格桑梅朵》,既可以相当深入地了解认知藏区文化强烈、神秘、诡异的斑斓色彩,多角度地透视藏民族的内心世界,去感受前所未有的自然,更能领略作者在汉藏文化大融合大发展过程中的一些思考。

我看到了你的右眼

——读彭成刚诗集《月亮，用伤口唱歌》

我很久没写诗了，因为我觉得自己确实写不出几句像样的诗句来；我也很久没读诗了，因为我很久以来真的没有看到值得一读的诗，好多所谓的现代诗歌不是顺口溜就是回车键敲出来的，除了样子像诗外，全无诗意可言。直到前两天翻开《月亮，用伤口唱歌》，突然眼前一亮，终于又看到了真正的诗歌。

诗集《月亮，用伤口唱歌》分为时光的三色装饰、月亮的废墟、五月的视觉、别君二十年和河床的伤口五个篇章。总的看来，彭成刚的诗歌语言简洁、干净、凝练、含蓄，跳跃性强，形式自由，意涵丰富，意象经营重于修辞运用。诗集表达内容丰富，描绘的形象众多。他描绘的有些形象并非实指，而是有比喻或象征的内涵，充分反映出作者所处的时代背景、生活境遇。彭成刚的诗歌采用了多种手法来塑造形象，有的是对形象直接描写，也有的是间接描写；有的是白描，也有的是浓墨重彩；有的铺垫、衬托，有的借助想象、联想塑造形象。彭成刚的文风独特，颇具个性，读来别有一番艺术趣味：或言近旨远，意彼言此，别有一番情趣；或音律和谐，抑扬顿挫，余韵悠悠，令人回味；或清新俊逸，心旷神怡，妙不可言；或幽默诙谐，妙语解颐，令人午夜梦回仍要偷笑几声；或巧喻明理，豁然开朗，令人遐想；或含蓄蕴藉，深沉有味，耐人咀嚼。

在他的诗里，芙蓉溪、富乐山、富乐堂、越王楼、子云亭跃然纸上，但他更多的诗歌是抒情言志，寓情于景，情景交融。

坐在溪畔，靠近历史的岸边
我终于听见，水的不老的声音
在芙蓉溪上行走，深深浅浅
脚印踩着月亮的背影
在发黄的记忆中，缓缓转身
那无数绮丽的芙蓉花啊

夜晚打开一种文字的清香
芙蓉溪好像一卷黑色的诗经
被月亮清脆地读出声来
在空中，仿佛有更加明丽的花朵
拖着永恒的诗句，绝不凋零。
——《芙蓉溪，秋夜的空明》

诗歌的本质是抒情。站在越王楼下，诗人发出了："人啊，永远站在此岸"的哀叹。在他的眼里：

> 杜甫，游向楼顶的一条鱼
> 陆游，夜宿阁楼的云朵
> 都在日光里沉没
> ——《越王楼，历史的倒影》

诗人感到，过去的华丽已经成为历史，脚下这个世俗的星球是冰冷的，世人的眼光是残忍的。面对鲜血淋漓的星空，月亮也已经死亡。诗人手中唯一的武器——毛笔——已经被敲碎，全世界都是冻雨，留下的是愈加沉重的历史，留给读者的是无尽的想象空间。

八月三日，虽不知是个什么日子，但这个日子对于彭成刚来说，一定是个十分重要的日子，让诗人对人生有了无尽的感悟：

> 一盏光芒四射的灯火中心
> 灯芯的终点藏着时间的灰烬
> 你看见自己正当青春却一袭黑衣
> 皮肤好像在夜里熠熠生辉
> ——《八月三日》

> 醉酒的时候，桃花就谢了
> 诗人啊，这是你一生的时间
> 怎会被误认为一个季节性！
> ——《诗人出嫁》

有的时候，诗人一双眼睛就统治了世界；有的时候，诗人又找不到回归故乡的道路。他想知道："可曾有一条河流，直接流入昨天！"留给读者的是无尽的思索。

美丽神奇的大自然和五彩缤纷的人类生活，为彭成刚提供了源源不断的创作源泉。他善于深刻抒发大众内心的喜、怒、哀、乐，写出来的诗歌很容易打动读者的心，感染读者的情绪，与读者产生共振。从《摔倒》他感悟"一个人，站着不动，也可以摔得鼻青脸肿"。又如他的《入草之兰》（组诗）：

　　你与这个世界的中心无缘
　　过于短暂，你的馨香划破深谷
　　仿佛幽暗的夜空，一颗流星
　　拉开时间沉重的伤口
　　……
　　可是，你一点儿也不了解
　　春天里，你芬芳的衣着
　　竟然背叛感官，暴露灵魂
　　——《夏天：今生今世》
　　……
　　鱼在水里流汗，谁能强迫它
　　穿上华丽的衣服？
　　入草之兰啊，你已经被风推倒
　　由此疯狂爱上倾斜的月亮
　　此前，你正好站在傍晚
　　看着天空，从展开的鸟翅旁边坠落
　　——《夏天：今生今世》
　　……
　　被百草淹没，河流的幻觉
　　就足够你迷惘一生

　　你早就预测到你的命运

最终会落入陶土烧制的瓮中
你抬起脚,在都市步行
一株草的优雅姿势
被穿街过巷的大风迎娶
呵呵,贫穷的冬天
无家可归,许多树木冻死了
只有你,入草之兰啊
从重门紧锁的庭院探出头来
残忍地笑出一路芬芳
……
——《雨水:厅堂之下,积满景物》

诗人咏兰,赞美兰花,自诩为兰,给具体的兰花赋予抽象的真实的情感。诗人用"实"的兰表现"虚"的品质,"虚"的人生奋斗历程,"虚"的思想感情,虚实相生,相互映衬。他还牵挂着一粒麦子的命运,麦子的命运即是天下无数漂泊之人的命运:

这处土地早已不属于你
甚至也不短暂地属于你的脚印
离开吧,你离开,时间
只会把命运交给麦子
……
——《麦田的故事》

月亮与爱情永远是诗歌的主题。诗人在《月亮,用伤口唱歌》里大声质问:

……

月亮升起，或者落下
我无法制止，我不敢再问
为何让一个人的爱人迅速衰老
却让他的爱情依旧年轻？

诗人的足迹遍布祖国许多地方，他应该是走一路，看一路，写一路，思考一路。在七曲山，别人是烧香拜佛求高中，他看到的却是"一支射偏了的弓箭"让所有的人，包括皇帝，纷纷倒下。在青城山，诗人宁愿做一只自由自在的虫子。在南充，诗人为青春放歌，以诗歌明志高呼"即使笨重的大象也尝试过飞翔"。在梭磨河畔，诗人感叹："渺小的人，一直等待着神灵的安慰。"在成都盐市口，诗人一头扎进图书馆，全身心地投入到薛涛的怀抱。

在重庆，年青的诗人：
在山城最疯狂地奔跑和停顿
你啊，多么自负，一座城市在你脚下
长满羽毛的心脏不再跳动，而是飞翔
——《21岁，重庆风物》
在深圳，诗人讴歌辛勤建设者：
干燥的风吹过南方
鱼儿裸着身体，像人一样排汗
在海边，聚集起整个大陆的力量
巨大的水浪仿佛新诞生的山脉
为所有居民的生活重新命名
……
我们意外相逢，忘了带伞，忘了故乡

一身黝黑而大胆的皮肤
　　游出浅浅的衣衫，漫长的夏天
　　一个孤独的影子，在此成为冒险的河流

　　那么，一个南方温暖的港湾
　　早已被某个极负盛名的台风遗忘
　　无法定居的人，被历史的孤舟四处驱赶
　　漂浮于海洋，竟然有数不清的词语
　　自动聚集鱼群，万万千千，生生死死
　　——《深圳印象》

除了友情，彭成刚的诗歌更多地描写乡情。乡愁历来是诗人经久不息的话题。席慕蓉说，故乡的歌是一支清远的笛，总在有月亮的晚上响起，乡愁是一棵没有年轮的树，永不老去。一句乡音，勾起多少离人乡愁。从彭成刚的诗里，我们大致可以看到他的家乡在南充市一个叫吉星乡的地方。那里有一个偌大的半坡寨子，寨子里鸡鸣狗吠，山林里野鸡欢飞，滑石板、龙洞记录了诗人多少童真的回忆，是半坡上、五块田的庄稼养活了年幼多病的诗人。石子镇现在赶集也没有了幼时的人山人海，如今的乡村已经十室九空，家园在哪儿呢？家园变成了个词语。

　　村庄最高大粗壮的树，孤独得像古典诗词
　　迷惑不解，村里的青年大量外逃
　　带着廉价的体力和梦想
　　直到海岸沦为另一个故乡
　　灵魂才坐在家门口

守候夜晚如同黑色的海洋
将天空淹没
——《家园，残存的词语丛林》
故乡的每一个细节
即使我远隔千山万水
也可以随时回到从前的家里
……

真的，我不知道这些
曾经是母亲全部的表情
……

如今，我已年至中年
在城里，倍感疲惫
还能够有哪一条道路
会牵心挂肠，超过还乡？
偶尔在梦中，故乡的小路
还会让我年轻，孩子似的奔跑
可是，一旦醒来，又迷路了
——《还乡》

  这是对母亲对故乡的真情告白。这些诗意境优美、通俗易懂、感情深挚，作者将思乡之情描写得恰如其分，还多多少少地带有背井离乡的感伤，把对故乡深厚的情感展现得饱满而真切。

  和彭成刚交往，他给人的感觉是言语不多，透过他的诗歌，我才能走进他的内心世界。不经意间，我看到了诗人的右眼：

一座山不如一个指头高大灵活

一片海洋轻易装进一个杯子

一个人总是像汉字一样

爬上你的笔头说话

——《始终看不到你的右眼》

"有多少华丽就有多少浅薄"；同样，有多少诗意就有多少孤独和寂寞。我们深深地感到诗人的孤独与无奈，除了与秋风为伴，他还拥有诗歌，诗人知道菊花的心思，可谁知道诗人的心思呢？他只有用伤口唱歌，在诗歌的王国，诗人就是主宰一切的国王，在诗歌的帝国里，"文字的华丽，胜过帝国全部的庙堂"。于是，就像《孩子可以同玩具倾心交谈》一样，诗人对这个世界的认知和交流就似孩子与玩具的倾心交谈，没有人能真正懂得。"没有幻想，这个世界至少毁灭一半"；没有诗歌，诗人的世界注定会全部毁灭。然而"谁歌颂理想，谁像星星一样，越是流泪，身体越是空洞""空间距离消失，孤独更加强烈"。只有"忘掉自己，世界就会永恒""孤独的诗人，在黄昏中，收罗着属于自己的朦胧"，收罗着幸福。

借用诗人的几句话作为本文结尾：

我希望，这个世界

有一个时刻能够停留下来

让每一个人都成为幸运者

守住各自的幸福

诗歌的通俗吟唱

——读李林昌诗集《边走边唱》

闲来无事，翻出一本李林昌数年前出版的诗集《边走边唱》，当我再次阅读这本诗集，不仅眼前一亮，灵气顿生，还有了新的思想。我不敢说李林昌《边走边唱》中所选的作品，是这几年我所读到的最好的诗作，但是可以肯定，这是一部充满个性色彩的优秀诗集。充满个性色彩，是诗歌乃至一切文学艺术的真正价值所在。也就是说，在他的诗中，我们能够看到他的行踪、他的身影，听到他的声音，读到他的娓娓心语。他的诗集包容了他自己独立而完整的世界。他的人生经历、内心情感、思想境界以及艺术见解，都从字里行间显现出来。事实证明，一个诗人也只有通过自身去着力表现生命与生存，人类与时代，才能创作出无愧于今天的真正诗歌来。

在李林昌的诗中，我感受到了历史的弹唱，也体味着现

实的力量,还触摸到了诗人灵魂的家园:

一部天籁

自雪原

流过黄土高坡

五千年精雕细刻的壶口

演绎着

中国龙的传说

……

——《母亲河》

只有记忆中故乡的小河

如梦如幻

那里有我心底的渴慕

那里有我童年的精彩

那里有我思念的白杨

那里有我梦中的期待

那里是我生命的根部

那里有浓郁的乡情在漫延……

——《故乡的小河》

从他诗歌中,我们可以看出他的人生奋斗历程:他坚忍不拔、有努力奋发的精神气概。这是他创作才华和生命力量的一种展现。他试图在每一首诗里给人们这样一种印象:冷静而又甜美的忧伤与刚强。同时,在李林昌的诗中,有他对父亲的无限追忆和哀思。

父亲用他瘦弱的双肩

一头挑起七零八落的土地

一头挑起艰辛的人生和我
　　太阳把他的脸晒得很黑
　　霜露染白了他的两鬓
　　父亲他用最为传统的美德
　　书写着中国农民朴素的颂词
　　——《父亲》

文学艺术工作者里面只有诗人被称为"人"，而其他都是"家"。作为一个活生生的真真实实的"人"，作为一位普通父亲的李林昌，无时无刻不牵挂着远方孩子的冷暖。

　　等你上楼的脚步声
　　等你钥匙转动锁芯的嚓嚓声
　　等你"我回来了"的惊叫声
　　等你喝汤吃饭的呼呼声
　　等你几句清唱或一曲钢琴

　　而今，不知你在遥远的都市
　　怎样度过零点的周末
　　或许在网上或许在梦乡
　　或许在茶座或许在琴房
　　或许在我思念你时
　　你也在思念我
　　——《远方的孩子》

诗歌历来被认作是高雅精深的语言文学，位于文学艺术的顶端，被视为文学艺术的明珠，被人们奉为文学艺术的神灵，是高雅脱俗的象征。早在上世纪80年代，发表一首诗歌，可能就改变了一个人的前途命运。那时，对诗歌的狂热和对诗人的崇敬与今天相比，简直不可同日而语。

随着历史的迅猛发展，社会的飞速进步，人们生活的节奏已经越来越快，绝大多数人在紧张忙碌的生活状态下，已经不能像古时候那样静下心来阅读需要许多专业素养才能解读的当代诗歌。因此，通俗文化、快餐文化大行其道的时代背景下，我们呼唤诗歌在兼顾艺术层面的基础上，像其他文学样式一样实现它的通俗化，做到纯艺术诗歌与通俗诗歌并存，唤醒已经远离诗歌的读者对诗歌的热爱与关注，进一步向普通群众普及诗歌艺术，使诗歌走出读者数量锐减到尴尬的境地，而不是只把诗歌作为少数诗人写作与少数读者阅读研究的对象。在这个文化大发展大繁荣的时代，要是诗歌只能作为部分群体的稀有艺术，这本身就是一种奇怪现象，只能让诗歌进一步加速远离读者，对诗歌的发展极为不利，更无从谈繁荣了。所以，诗歌在新的时代背景、消费观念下，应该像音乐一样，出现一个分支，走向通俗流行化，获得它的市场与存在价值。

就像通俗流行歌曲深受广大人民群众喜爱，并被广泛传唱，人人都能共享且又朗朗上口一样，通俗流行诗歌能像流行音乐有别于高雅经典音乐一样，做到通俗易懂，贴近人们的生活，能真正抒写出普通人的心声，而又不失艺术水准，让读者获得精神的愉悦，美的享受。有别于过于精深的纯艺术诗歌，它更能获得更多的读者，就像流行音乐一样，有更为深厚的民众土壤，是一种易为传唱、大众喜闻乐见的诗歌艺术形式。实际上，今天流行音乐的歌词就是诗歌，我们仔细分析一些歌词，不难发现都可以找到诗句的影子，只不过它们比诗歌更为通俗易懂，手法更简单些。当然，通俗流行诗歌绝对不是低俗、媚俗，没有艺术水准，而应该是做到雅俗共赏。从李林昌的诗集里，笔者觉得有部分诗歌应该算是雷同诗歌了，比如《登黄鹤楼》《梦中的桥》《扬州》《房间与一幅画》等，看似信手拈来随意而作，实则真情独白匠心独具，让各个阶层不同领域的广大读者都能看得明白，而且朗朗上口，有的可以说就是一首很好的歌词，配上曲子就可吟唱：

悲悲惨惨又戚戚
好一个相思女子
黄花瘦时秋风至
寻寻觅觅无所依

守也苦，吟也苦
一腔愁肠与谁诉
雁声悲，人情薄
才情红颜两相妒

望归望归无所归
一腔相思付流水
唯有一棵长青树
绝妙好词留千古
——《李清照》

这首诗，不如说是词，就很是凄婉动人。

其实，早在古代，诗歌本身就是一种通俗流行的艺术形式。古代人们的娱乐活动比较单调，基本只有诗歌、舞蹈和音乐。

在社会的重视与文人士大夫的推崇下，诗歌则成为了最受社会欢迎的一种艺术形式。早在唐代，诗歌空前繁荣，上至帝王将相，下至黎民百姓、贩夫走卒，都无不写诗，无不读诗，那时诗歌便是一种普遍流行的文化形式。每有诗歌佳作问世，便争相传唱，和以音律，和当今流行音乐大行其道的状况差不多。因此，在那个时候，因为诗歌的通俗流行化，唐诗获得了深厚而广泛的民众土壤，也造就了古典诗歌永远不可逾越的神话。上世纪80年代在中华大地掀起诗歌狂热的汪国真、席慕蓉的诗歌也是一种通俗流行诗歌。当时他们的诗歌风靡全国，广大青少年争相购买传阅。他们的诗集也一版再版，创造了新诗发行史的奇迹。他们诗歌的特点，虽然一个精炼、简明，一个哀伤、委婉，但却有着一个共同的特点，那就是，进入的门槛较低，通俗易懂，能抓住普通人的细微心理，贴近大众的生活，容易得到普通读者的共鸣，而又不失艺术水准，和现在的流行音乐颇为相似。

李林昌的《意象》《游光雾山》等就有通俗流行诗歌的显著特点。此外，他的《桥》《门》《路》等更是简单明快。他的诗还有歌颂家乡的如《射洪》，歌颂友情的也有涉猎。值得一提的是，他为一些朋友书画所题的诗歌，其中就有为我的表兄——全国著名军旅画家敬庭尧——中国画所题的几首韵味十足的诗歌：

羊毫在枝叶间

塑造亲情

感觉与色彩

结构摄人心魄的意象

紫藤，成功地
盛开在心墙
——《紫藤》

把唐代宫廷的尤物
遗失于现代民间
投笔落墨之处
深藏种种疑虑
于是胖胖的贵妃们
处事不惊
——《仕女》

这些都是李林昌以前的作品了。作为老朋友，我已经很久没见到他了，我期望能尽快见到他的新作。

青春是一朵永不凋谢的花

——评汪顺华《青春记忆》

前两年出了部电影叫《致青春》，我没有看，也不知道演的是什么内容。但是这个题目深深地触动了我的心弦——青春啊，是多么丰富、多么迷人的字眼！它似乎从来没有走开，也从来没有磨灭。无论谁，要对青春说点什么，都得斟酌再三吧？起码，我就是这样的一个人。我不喜欢当下某些无病呻吟的作品，无外乎是些风花雪月，真正的青春风采呢？荡然无存！

但前几天看到汪顺华的作品《青春记忆》，竟然有些激动——汪顺华与我居然有那么多共同的人生经历！跟着他的作品一起回忆回忆我们的青春，倒是一件很有意义的事情。一口气读完他的作品之后，我突然觉得，我们的青春是一朵永不凋谢的花！

汪顺华比我年长，又多当了两年兵，所以他那朵花似乎要比我开得早一些，除了上前线的经历我没有之外，他在西南我在西北，军事训练、政治学习、野营拉练、热爱文字……这些经历都是彼此熟悉的，巧的是我们还是同一年转业到成都的。所以，他的青春记忆就成了我的青春记忆。这就是共鸣，只有能让读者产生共鸣的作品才是好作品。

看到开篇《西部坦克大演练》，我就想起我当兵时的青春岁月。我们的邻居就是一个坦克团，两个部队近在咫尺，分属不同的师旅，官方鲜有往来，"民间"却打得火热。一是因为兵种不同，我们向往他们的坦克，他们向往我们的大炮和牵引车，于是便通过老乡或者老乡的老乡等关系，当兵的私下接触其乐融融；二是因为两支部队的人都在同一片地区出没，时常因公因私发生些争执。都是二十岁左右的小伙子，火气大，非要分个高下争个输赢，嘴仗不行拳头上，往往会造成一些不良影响，但是，还没等领导处理完人，两个部队基层的干部战士已经成了梁山兄弟，越打越亲热。这就是青春——大头兵的青春，我们的青春。

写作是生命的舞蹈，是灵魂的呐喊，是思想情感的厚积薄发，是人生经历的不吐不快。从《青春记忆》中可以看出汪顺华从一个大头兵成长为一名优秀军官、机关干部的人生足迹。通过这一路冒着热气的足印，我们看到了一个叫那穆的新兵，看到了坦克旅副旅长温洪生，看到了一个少女感恩的心，看到了老虎崖的抢险救灾之战，看到了抗洪英雄颜兴卫、带兵认真的王强排长，知晓了汪顺华与张正学的不解之缘，还享受到了老山前线的战地"交响乐"以及烟盒趣闻，了解到了朱德、秦基伟等老一辈无产阶级革命家的传奇故事……在这本书中，我找到了自己的阅读感知：我的记忆与文字一起行云流水，我的思绪和作者一样海阔天空，我的情感如潮水一般恣肆汪洋，随之产生的灵感流云般轻舞飞扬。

一个有良知有责任感和使命感的作家，能不能创作出优秀的文学作品，最根本的在于是否能为人民抒写、为人民抒情、为人民抒怀。文学创作方法有一千条、一万条，但最根本最关键最牢靠的办法是扎根人民、扎根生活。应用现实主义和浪漫主义情怀观照现实生活，用光明驱散黑暗，用美善战胜丑恶，让人们看到美好、看到希望、看到梦想就在前方。汪顺华人生阅历丰富，种过地、挖过煤、当过兵，从农村到城市，从基层到机关，从新闻采写到文学创作，正是多年来的磨炼和积淀才成就了他今天的人品和文品，于是《青春记忆》才水到渠成应运而生。该书人与景、物相融，循着作者自己真实的内心感受，他写就了一篇又一篇清新隽永、舒卷自如、隐含着哲思的青春的文字，为读者描绘了一幅又一幅美丽而生动的青春的画面。此外，《青春记忆》并不单单是作者对军旅生涯的描写，更有《天地情怀》《世间万象》《生活感悟》和《往事钩沉》等几个篇章，足以说明作者涉猎面之广，思考人生百态之深。虽然大部分作品是他的成年老窖，但老窖是越陈越香，书中文字优美、结构严谨，不管是散文还是报告文学，现在看起来依然是情景交融，让人感怀。如《连长向连长敬礼》一文中的主人翁郑正脱下军装创业的故事，如果隐去文中时间，你还以为发生在今天呢。《信念最珍贵》一文中写道："人，只要有信念，尤其是有活下去的信念，就会迎来光明。"

这些正能量语言一定会激发人的斗志，鼓励人奋进。对于一个漂泊在外的游子，其实最能打动人的莫过于亲情二字。在《亲情家园》这个章节中，我们能清楚地看到作者生长的小山村、父亲的青布长衫，"家中的一草一木都由父亲操劳，我的一点细小变化都牵挂着父亲的心"，这让我想起我那中风的老父亲，只要一听说我们要回去，他就坐在轮椅上望着马路，眼睛都舍不得眨一下。他在书中除了对亲情的歌颂，还有对爱情、友情和师生恩情的赞美，淋漓尽致地弘扬真善美、传播正能量。书中还有许多人生感悟，如《看轻自己》《找准位置》，做人也"只有看轻自己，才能成就人的操守，闪烁永恒的美丽"，才能找得准自己的位置，才能在自己的位置上干出点名堂来。汪顺华不只是这么写的，他还是这样做的，他从一个农村孩子一步一个脚印，让自己的青春盛开成了一朵娇艳夺目、永不凋谢的鲜花！

在纷扰的俗世中，浮华的城市生活里，当现在的小青年们精神混乱迷惘，不愿谈及理想信念的时候，我们仍然愿意回忆回忆我们的青春，这是因汪顺华的文字能为我们走过的青春岁月寻回更多丰富多彩的内容，我们为之骄傲，我们无悔于我们的青春！愿这些文字能洞察到繁华的表象后潜伏在整个社会中的深刻的精神危机。我愿意如汪兄一样，既能成就美好的理想，又能固守内心的纯真，让我们的精神家园在我们的呵护下重归和谐与统一。我坚信，正因为我们义无反顾地选择了用真诚的文字来表达心声，所以我们将青春永驻。

我们的青春，是一朵永不凋谢的花。还记得那首歌吗？那首歌叫《军中绿花》，说的就是青春的我们，我们的青春。

愿汪顺华的《青春记忆》成为我们共同的记忆,美好,隽永!

诗歌天堂的幸运鸟

——读邓太忠诗集《天堂鸟》

邓太忠这个人，我从部队转业到四川省作协工作就认识了，他长期在文化部门工作，是个地道的诗人，被誉为"啤酒诗人""爱情诗人"。因其名字中有个"太"字，诗友们私下更喜欢戏称他为"太太""邓太太"。

"邓太太"这些年很是活跃，作为中国作协会员、南充市作协副主席、南部县作协主席和省作协南部县升钟湖创作基地负责人，他每年都会想方设法利用很多关系整合各种资源，开展多次文学活动，为培养当地文学人才、助推本土文学创作生产、增进周边市县作家联系交流，在扩大南部县在全省乃至全国的影响和知名度等方面都起到了巨大的作用。他在搞好文学组织工作的同时，更加注重自己创作水平的提高，这些年连续出版了好几部诗集，在全国也得了不少奖，《天堂鸟》就是其最新力作之一。

拿到《天堂鸟》时，这个名字立刻深深地吸引了我。《天堂鸟》？好名字！这让人想起那华丽的天堂鸟，由于它的羽毛鲜艳无比，体态华丽绝美，鸣叫婉转动听，似乎永远充满欢乐；它爱顶风飞行，人们又称其为"太阳鸟""女神鸟"等，是世界上著名的观赏鸟。此鸟还是巴布亚新几内亚的国鸟，在他们的国旗、国徽甚至航空公司、电台、宾馆、商店、邮局、钱币等处都有其标志，在某种意义上可以说天堂鸟与巴布亚新几内亚就是同义词。

在诗歌的国度里，一定有许许多多的天堂鸟在飞翔，其中一定有一只幸运的天堂鸟，这只鸟就是邓太忠。诗歌的道路极其艰险，然而对于他来说却如履平地，因为他很幸运地掌握了通往诗歌天堂的动车票，这张动车票，就是他的诗歌最吸引我的G点，就是他的审美、 就是他的语言、就是他丰富的想象力和敏锐的思维能力，还有精心营造的意境。正如著名诗人梁平所说那样：《天堂鸟》是一部人诗合一的孜孜不倦的爱情诗集，是我们每个人都在寻找的真正的爱的真谛，是诗人走向成熟的一个标志！

邓太忠把大山、大树、大江、大河、春雨、秋月、贩夫走卒、一星一叶以及他眼内的整个世界都作为他的情人，他为他的情人们努力吟诵着一首又一首动人的情诗。这些诗歌凝聚了诗人的全部性灵和心血，不仅有其浪漫和诗意的一面，更有其对纯洁与美好生活的代言及颂扬。"小桥下的溪流不想远去／以回旋的身姿／特写期待的表情"，诗人在《等待》里呈现给读者一幅生动的图景画面，把文字中的意象铺排开来，然后告诉读者"远方还是没有你的消息／天下着春雨／如冬天的雪／冰冻了心房的檐脊"，充满希望的等待，结果是一场雨一场如冬天的雪一样冰冷的结果，等待给人的感受是痛楚的、刻骨的；而雪，最是诗情画意，颇受文人雅士的青睐，同时也是纯洁的、易逝的、恶势力的环境之象征，这一重要的意象是双重性的——既是浅显凡俗的，又是深厚而超越的，这两者联系到一起，就不难理解作者所要诠释的内涵：孤寂才是这个季节的浅唱低吟，孤寂才是生命的回声。但明知如此，还是要继续等待下去，就像邓太忠对诗歌的追求，只有坚守，永无休止、永不停息！他一口气接连在《诗刊》《文艺报》《中国作家》《四川文学》《星星》《绿风》《剑南文学》《鸭绿江》《朔方》《中外文艺》等纯文学刊物上发表的一系列诗歌就是最好的佐证。

　　真正的诗歌不是诗人对生活的简单描摹，也不是诗人机械的内心表白，而是发自诗人灵魂深处的内心情感的真实独白。爱情是诗歌的一个永恒的主题，邓太忠这只幸运的天堂鸟正是掌握了爱情诗歌的密码才能够在诗歌的天堂飞得这么高飞得这么远的。作为一个响当当的爱情诗人，邓太忠用诗歌既吟诵着《丈夫》也褒奖着《妻子》，望着情人的《背影》同时还《想一个女孩》，大声疾呼《你在哪里》，在品尝着《思念的感觉》的滋味中喃喃自语《心情的独白》，最后庄严地《承诺》："承诺不是绽放在脸上的微笑／是发自内心的百转千回的祈祷／经历风雨的过程／才是一首百唱不厌的歌谣／／承诺不是冲动时疯狂的热吻／是摔倒后扶起时的又一次拥抱／领略坎坷的苦难／才懂得爱的旅途崎岖遥遥／／承诺不是相聚后甜蜜的倾诉／是牵手在岁月里慢慢地变老／共同沐浴夕阳的礼赞／才是今生今世生命的美好"。诗人对爱情的《承诺》既没有山盟海誓也没有轰轰烈烈的豪言壮语，平平淡淡而又真实可信、温热持久，让读者始终有一股暖流涌动心间。

　　一个诗人的成功，离不开生养他的故乡的哺育和滋润。邓太忠出生在人杰地灵的三陈故里南部县，陈氏一门三状元和南部的历史人文对邓太忠的影响应该是巨大的。作为大地的情人，邓太忠对故乡的依恋和吟诵可谓孜孜不倦。他在《川北》中写道，"一碗盖碗茶／泡出许多古往今来的故事／老大妈的针线里／到处都织着山歌的影子／入醉的大小山／灵魂点化成每年三月的小雨……川北最挚情／挥动着嘉陵江这张手绢／把你呼唤／把我呼唤"。又如《故乡的小河》中，他写道，"在大山心里／你只是一行孤寂的眼泪／想大浪淘沙／却只能在梦里演绎／一生一世的经历……只有风读懂你的心思／万水千山／想到的不是今天的秀丽／向往大海／渴望的追寻万苦千辛／／你呀，只是个孩子／有浪的生动／没有滔天的豪迈／千回百转／走不出生命的困惑"。在故乡面前，谁都只是个孩子，对家乡对故土的依恋便是连接孩子和母亲的那根脐带，所以习近平主席提出，要让我们的家乡望得见山，看得见水，要我们的孩子记得住乡愁！乡愁是什么？乡愁就是那《原野孤树》"清风摇一朵绿云／擦拭掉原野阵阵孤寂／故事结不结尾／枝叶一个劲敲问四季／／远望似舟，近看如帆／原野也有一条彼岸延续追寻／记忆是那条小路／谁涉足谁拥有生命的真诚／／风雨之中生繁茂／固守位置也是一种收获／原野年轻成一位牧童，拨弄一直爬高的年轮"，乡愁就是那幢《乡下老屋》，乡愁就是那个《街头小贩》，乡愁就是那段《蝶舞》，乡愁就是那一片《枫叶》，乡愁就是那满天的《繁星》，乡愁就是美丽的《桂花城》……诗人把自己对家乡的爱恋、对人生的感受、对生活的感受，把自己源于生活而得出的深切感受，跃然笔端，用诗歌的语言写出来，真诚地与读者共鸣。

古往今来，寄情山水都是文人骚客的不二选择，"邓太太"亦不例外。这些年他的足迹遍布全国各地，有其诗名为证：《雾灵山》《莫高窟》《布达拉宫》《天安门》《可可西里》《叙永》《石厢子》《星星峡》《宁夏行》《在康定》《阿坝行》。这是真正的"深入生活、扎根人民"，只有走出去，用行走的方式，用自己的眼睛去观察，用自己的心灵去感悟，才能为读者展现其博大的胸怀和广阔的眼界。诗人在《夜过唐古拉》中写道，"星星低垂着一丝惬意／解读流云的漂泊／风沙掠过车窗／撕裂的声音从心坎上滑落／高原的情绪／一直就这样渊博"，这让我想起了那年我们一行十人去拉萨与西藏作协交流的情景。我们也是坐着火车进藏，翻越唐古拉山口时我怎么就没有找到这样的文字来表达当时的心情？接着是"缺氧，脑海一片空白／激情失去寄托／领略不了你传说中的诱惑／蹲在车厢一角——／回味四川老家的火锅／念想孙女喊爷爷时的快乐"，也许这才是诗人当时的真实感受——缺氧、难受、高原反应，但在他的笔下这些感受却变成了美丽的诗篇，所以说文学就是美学。然而诗人的真正境界却并未止步于美的表达，而是发自灵魂的一声呐喊，"告诉我，过客／经受不起生命的寂寞／留不下难忘的生活"。

总之，邓太忠或寄情于事，或托情于物，他的诗歌让人读到的是浪漫、是厚重、是振奋、是呐喊，是一种不屈，是诗人内心世界的告白，也是一种深思，更是诗人情感、心志与外在物象之间电光石火般的撞击。通过诗意化的诉说，折射出执着的信念，流淌在心底不变的理想，以及坚守的情怀。大气而鲜润的文字，读后令人感觉余味无穷，思路瞬间开阔。这就是诗人邓太忠的诗歌特点，是源于诗人对物质世界、对生命个体的感与悟，诉诸视觉的意象和诉诸听觉的节奏于诗句中，充实诗歌的内涵与厚度，达到启人哲思的目的。人心百态，邓太忠呈现给读者的是一面虚实相间的镜子；至于领悟与感受如何，还需靠自己的理解力去挖掘了。

一个情字了得

——读马继清《溢江诗情》

阿来说如今的文化繁荣现象，通常是以生产的规模与数量而言的。这样的数量与规模，常常是由于定制性的生产。由出版商定制的长篇小说批量出版。电视剧脚本、网络小说、网游脚本和卡通本大量生产。在为这种繁荣景观倍感鼓舞的同时，我们心中也怀有一种隐忧。因为各种文学定制一旦成为工业化生产，作家就成了机器，写出的文字就成了冷冰冰的螺钉，成为机器的作家不再创造新的方式，而是消耗已有积累的写作。在这种文学生产形态中，最原创、最具探索性的写作常常被忽视。

马继清先生则不然，他教书育人，几十年如一日勤奋钻研诗词古韵，笔耕不辍。新作《溢江诗情》诗词集，句句诗词都流淌着真情，一个个文字还带着体温，亲情、友情、爱情，各种情感犹如滚滚波涛溢江奔驰。舐犊之情、跪乳之爱跃然纸上,敬山川大地之美,崇自然广博之媚。或歌父母兄弟,或颂亲朋好友,或书子女桃李,或写日月万物。有《将雏探母》"春山巍更绿,流水复何存"之疑问,亦有"抚弦仰天叹,寂孑旅世尘"之慨叹;有《娇儿系吾心》"高天烈日煎衷苦,慢表迟针刺眼疼""牵肠挂肚时难度,靠榻倚床梦不成"那揪心的担忧,亦有《题扇》"崇德精艺图济世,仲序戒之慎勿忘"的谆谆教诲;有《挈长子媳孙回乡祭扫》"昨日音容再,令儿双泪零"之对父母的怀念,亦有《孙女秋月包饺子送爷爷,蒸作早餐》"巧手包来饺子乖,爷爷齿颊韵和谐"的天伦之乐。有《嫦娥怨·中秋雨无月》"穹隆张青幔,当户重重珠帘,欲卷,不卷。深闺锁住婵娟。""你怨,她怨,我怨,嫦娥也怨"的忧怨,亦有《数更》"直教眠人也数更,陪数到天明"数到"更更浸透离人泪,苍天不忍晴"的离愁;有《鹧鸪天·中国第一艘航母交付海军》"汪洋不阻雄师步,抽剑倚天期纵横"的爱国激情,亦有《登黄鹤楼》"不解崔诗何退白,偏讴律句奉前贤"的雅趣;有《登凉帽山》"不宦不商忠教事,唯期贤士逾三千"的风骨,亦有《绵阳与海涛等外滩饮夜啤酒》"喜见诸生成大业,老翁心底自怡然"的满足。有《柳园春》和《柳园组歌》对长期执教学校的深情,亦有《赞杨青以一万元拍得〈题柳树中学高1993级同学会〉》对慷慨解囊助人学子的褒奖。赏"洞天幽境",小令、中调、长调,能令人在明月松间照时欣赏泠泠作响的词林正韵;《历游十五韵》《胜地十五韵》《忆旧十五韵》,可叫你陶醉在"清泉石上流"时淙淙弹奏的平水韵音。这一切,无不表现出作者对传承国学、弘扬中华传统文化的执着与热情……

　　契诃夫说过，在现实生活中，人们毕竟不是每分钟都在决斗、上吊或求爱，不是每时每刻都妙语横生。他们更多的是吃饭、喝酒、闲逛、说蠢话。这些应该在文学作品里表现出来。因为在真实的生活中人们就是这样的。马先生的作品就很生活，他可以《咏紫砂壶》，也可以《课余》《兜风》《望月》，还可以《晴转阴》《登楼望雪》《戏柳絮》，甚至《晨播》《有感》《咀嚼太阳》《缫丝的手》《太阳小花》《献给举重运动员马娜》《沁园春·写给接送学童之侏儒母亲》《水仙子·北转盘警花搀扶涉洪流过街》……尽是小人物、小事情，借彼以言此，以小而喻大，以此来唤起读者的共鸣。看似平淡无奇，却在每一首诗词的背后都能找到发人深省、寻觅震撼心灵的闪光点。

　　诗歌要表达的是作者的感情、思想、发现、创造、悟性和人生经验。一个人写诗，可能有一百种理由，但最重要的也是最基本的理由应当来自于生命内在的情感需要和冲动。马先生的诗歌包含着多方面思想的或情感的元素，他的诗歌是打开读者心灵的钥匙，是沟通你我的桥梁，是世人释放自我的舞台。他用诗歌与无妄的空间、永恒的时间、短暂的生命和人生的苦难作斗争。他是一位情感丰富细腻、心地柔美的歌者，也是一位目光如炬、胸怀理想、文学才情活跃跌宕的诗人。

　　改马先生的《省诗》以为小序结尾：

山水无人无诗韵，

田园有我有歌声。

寻章摘句雕虫老，

瓦岳金樽皆传情。

再读《棋殇》

那年仲夏,由宁夏人民出版社重点推出的长篇小说《半边街半边岩》第二部作品《棋殇》在成都南门上双楠家乐福首发,我陪时任省作协党组副书记、副主席勾春平和创联部主任杨明照出席。该书作者王丛地现场签名售书,气氛热烈,不少市民纷纷前来买书,请作者签名并合影留念。四川电视台、成都电视台、《华西都市报》等媒体记者也闻讯赶来,长枪短炮对着王丛地连连发问。宁夏人民出版社带到四川的1500本小说,不到两个小时便一抢而空。这转眼间快十年了。

《棋殇》全书共25万字,是国内第一部围绕中国象棋展开故事情节的长篇小说,通过由中国象棋引起的经典传奇,展示了一个家族厮守棋枰的凄婉画卷。2009年1月该书在北京图书订货会上,得到业内书商和评论家、作家的高度重视和肯定。2015年由宁夏人民出版社申报《棋殇》入围茅盾文学奖,说明该书是一部极具阅读性、思想性和艺术性的小说。

《棋殇》延续了首部长篇小说《半边街半边岩》以川北南部县为创作背景的风格,以中国象棋为主线,展现一个象棋世家的悲欢离合。小说《棋殇》以中国象棋为媒,纵深探索中国传统文化的精髓,再用文学的手法展示自己对人生、对生命的领悟。整部书以新中国成立前后的南部县城为历史舞台,在书中作者将南部县取名为"西川县"。通过阅读《棋殇》,可以了解那段时期南部县的风土人情、社会面貌以及一系列重大史实。

《棋殇》题材独特,叙事视角独特,书写结构独特。宁夏人民出版社的责任编辑在封底总结道:把一盘象棋写成一部长篇,把一部写象棋的长篇小说写成父子两代人充满浓郁诗意的棋枰凄婉史,是王丛地新作《棋殇》给我的第一印象。《棋殇》讲述了新中国成立前夕,主人翁丑帅克是青年党外围组织救亡农场的一个值勤员,他子承父志,独喜下棋。一次,丑帅克和女友到深山游玩,在空灵寺,得以见识大了、小了二僧下佛棋,争得与大了下棋两局。佛家棋法密不透风,丑帅克两盘皆输,不甘示弱而发誓一年后与大了下第三盘棋,一盘决胜负。为赢大了,丑帅克广交棋友,与日、德棋坛高手切磋棋艺,其间国共两党战火逼近,社会政治错综复杂……小说就围绕这盘棋,写丑帅克下山后怎样将赌棋一事说与父亲,怎样替父力战"东方杀手",怎样研悟老父为他编写的《驭马谱》,怎样一路逃亡,怎样结识异人黄田祖,怎样到上海参加以松田下二为首的"八国联军"象棋大赛……终于到了上山与大了下棋的时间。故事紧紧围绕这一盘棋展开，棋界风云和人世沧桑交融行进，把一盘棋写得风声鹤唳、惊心动魄。这是作家敏锐独特的文学嗅觉捕捉的长篇小说题材视角，使小说有别于一般叙述框架的新奇魅力。

　　生活是艺术创作的源泉，生活给艺术家、作家提供了丰富的创作题材和灵感，使广大艺术家、作家发现了美。生活还给予艺术家、作家以激情，使他们凭着感悟创造美。然后，他们以各种艺术手段为媒介，再现或者表现美。王丛地一定是位中国象棋的棋坛高手，小说中"卒、马、炮"运用，"反宫马""当中炮""蚯蚓降龙""七星聚会""野马操田""千里独行"，那真是驾轻就熟、得心应手。再者，小说《棋殇》故事主场发生在作者王丛地从小到老生活的家乡南部县。南部县位于四川盆地东北部、嘉陵江中游，隶属四川省南充市。全县面积2235平方公里，人口131万，有"中国钓鱼城""中国桂花城"之称。南部汉初置充国县，民国初年南部县隶属嘉陵道；后隶属四川省第十一行政督察区（治今南充）。1933-1935年，川陕苏区成立中共阆（中）南（部）苏维埃政权。新中国成立后，南部县隶属南充专（地）区，1993年南充撤地建市后，隶属南充市。《棋殇》的高潮部分就发生在新中国成立初期，小说选取了1949年12月国民党溃军在南部投降的史实。为真实反映历史，王丛地反复查阅了《南部县志》等重要史料，并将国民党98军军长尹兴城在南部县投诚起义的历史事件引入小说，展现了南部县民众众志成城、奋勇杀敌的史诗画卷。

　　小说《棋殇》人物姓名别具一格。小说情节复杂，涉及人物众多，为了便于读者的记忆，王丛地可谓煞费苦心。男一号丑帅克，和尚大了、小了，刘老幺，贾古鉴，王营长等，这样的名字既生动又形象，使读者一看就能够记住，避免因人物的错乱而混淆故事情节及人物间的相互关系，可以说为读者提供了一个良好的阅读"环境"。此外，在整个故事情节的叙述中，作者不是用精妙的文笔取胜，而是构思巧妙，以人物的语言、表情、动作来交代故事的因果关系。这就会使读者在看书的过程中，靠自己去品位、去思考、去分析判断，当某一结果出现时才恍然大悟。比如，初读《棋殇》时，一般人往往看不出小说主题。再读、细读，你似乎明白了什么，从一盘棋中，从一个人身上，从一副金棋上，任何一个读者都能读出属于自己的主题。尚美之人从美学角度上，读到的是《棋殇》完满的美；尚玄之人，读到的是《棋殇》里面迷醉的玄；尚思者，从《棋殇》中读到的是无尽的思辨；还有俗世之学、佛学、棋学均有独到的表达。或许你读到丑帅克死后灵魂出窍之时，你的心能从梦幻中幡然猛省，变得一片空朗。不信，试试。

爱的诉说

——评白发科诗集《勿忘我》

白发科，广元人，1973年生，我的老庚，一个成熟稳重敦厚内敛的生意人，无端爱上了文学艺术，尤其痴迷于诗歌，近年不断有新作在《诗刊》《星星》《绿风》等全国一线诗歌刊物发表，其中许多作品便收录在他的诗集《勿忘我》中。

一看书名《勿忘我》，就知道这本集子主题鲜明，就是一本关于爱的诗集。全书分"爱的诉说""喝一杯思乡的米酒""晨曲"三个章节，共收录作者关于爱情、亲情和生活激情等方面的诗歌124首。这些诗歌，在我看来，无疑都在诉说着一个字，那就是"爱"，有爱情，有爱恋，有父母亲人之爱，更有对美好生活的热爱。《诗经》有云："执子之手，与子偕老"，这是数千年前古人最真诚也是最直白的爱情颂歌。白发科先生笔下的爱情也是这样，诸如《等你》中"等你的时候／多情的阳光洒满山涧／蜂蝶在花间飞舞翩跹／……我已经把心中的花瓶／再一次翻洗／以圣洁的名义／做一回盗花的人"。这首诗没有华丽的语言，没有铺张的修饰，然而淡然中缓缓道来的爱情誓言却震撼每一个人。又如《爱的诉说》中他写道，"如果每个夜晚拥着你入眠／如果每个清晨被你轻轻吻醒／如果有一天／你睡眼蒙眬地傻傻问我／会不会别离／皎洁的月光会告诉你／闪烁的星星会告诉你／无论是温润的夏季／还是寒冷的冬日／爱的暖流／都流淌在你我的血液里"。诗人用虚幻而绝美的景色，如皎洁的月光、闪烁的星星，代替了爱情的描写。又如《雪和鸟的对白》中"我想把你／整个儿吞下／用一生的清白／如果，你不能／我会留下深深爪痕／在你的胸膛"。在《俘虏》中他写道，"有种奇怪的感觉／淡淡的忧，热热的盼／舐舔着心房……让它做你的俘虏吧／拿着小鞭／把它抽打"。轰轰烈烈也许是爱情的开始，但祥和总是爱情的归宿，于是，白发科在《冰糖雪梨茶》中写道，"爱情这杯冰糖雪梨茶／越煮越香甜"；在《美美的爱恋》中他又写道，"渴望有一段美美的爱恋／不用说海枯石烂／只希望／每个明媚的清晨／百灵在窗前婉转欢鸣／只希望／每个微醺的黄昏／燕子在檐下细语呢喃……"最终《爱情就像一杯茶》，普通人的生活还是要走向平平淡淡，清香悠远、余音绵绵。

其实，"执子之手，与子偕老"这八个字，看似简单，千古以来真正做到的人又有几个？时间飞逝，青春老去，容颜不在，身边却还有一双可以握住的手，也许这才是人生最大的幸福。于是，白发科这个商人，为了事业，常常与亲人分离，甚至于背井离乡长驻工地，所以他更看重家庭和亲情。在努力做好商人，不断努力改善和提高家庭生活条件和质量的同时，经商之余利用闲暇时光，他作出了大量脍炙人口的诗句来。他在《小县城的夜》中写道，"……孤单的流萤　寻觅／梦的方向／我拖着沉重的身躯／满是尘世的艰辛／生活的憧憬／身倦过，心累过／这儿，还能不能歇脚"，这首诗写出了一个游子的孤单，为了理想为了事业，也为了亲人，在一个小小的县城"这儿，还能不能歇脚"。他在《妻》中写道，"最近非常想你，特别是这深夜／也许是异乡太寂寞／也许是飞翔的翅膀太疲惫……将思念寄托文字／冷冰冰的字符／怎能传递爱的暖流／我知道，任何文字都不能／代表我殷切的盼，刻骨的念"。他在《老爸》中写道，"风霜已袭上你的额头／白雪已堆满你的发梢／你的身子不再硬朗／你的声音不再洪亮／但你呀／仍是我心中最灿烂的太阳……"。此外，《弟弟》《女儿》都是白发科思念和抒发亲情的对象，特别是对母亲的思念，他在《哦，妈妈》中写道，"哦，妈妈／你已走了很长时间啊／在那遥远的天国／你一定还惦念着你的儿／季节已经悄悄变化／是否已经添了衣衫换了鞋袜／哦，妈妈／你已经走了很远的路啊／在那陌生的地方／你一定还牵挂着你的骨肉／世事的莫测变幻／是否煤油就了一身铜裳铁衫／哦，妈妈／好想再听听你的叮咛／好想再看看你的白发"，充分彰显了作者对母亲的赤子之爱，这亦是典型的"子欲养而亲不待"。白发科一定是饱含着深情和泪水，唱出了心中对母亲最无尽怀念的美丽歌谣，读来令人心酸和无尽感慨。

　　爱，是一个诗歌的永恒的主题，千百年来被我们反反复复地书写，无论好与坏，都是发自内心的真情实感。白发科除了对亲人的爱，亦怀着满满的对家乡的爱，对生活的爱。他在《晨曲》中写道，"星星睡在柔软的水波里／雀鸟的欢语吻醒群山／大地披上轻纱般的长袍／不知名的野花野草上／挂满了一串串晶莹的珍珠……"这是诗人对大自然的爱，《为每一天喝彩》中"经历了春花秋叶／才懂得季节的容颜／经历了聚散别离／才懂得相拥的浪漫／经历了生死考验／才懂得生命的灿烂。亲爱的朋友／珍惜我们的拥有／为每一天喝彩／让每一秒璀璨"。这里除了一般的人生哲理，更多的是对生活的热爱。白发科在《生活》里直接写道，"有时赐你醉人的美酒／有时让你痛苦地泪流／只要有豁达的心胸／眼泪也能当美酒"。好一个眼泪也能当美酒！这才是诗人真正追求的生活，这得需要多么宽广的胸怀和智慧才做得到！他在《心境》中写道，"……时间走得很慢很慢／心在一秒一秒祈祷……等待的路啊／半是憧憬半是焦躁／淡看得失的心境／需要生活的艰辛历练／和对人生真谛的／慎重思考"，所以他在《感恩》中"感恩浩瀚的天空……／感恩广袤的大地……／感恩澎湃的海洋……／感恩风雨"，他感恩一切。白发科不只是商人和诗人，更是个"吾心虔诚，披荆往前"的智者（《智者》）。

白发科的诗歌清丽、婉约，很"真"，写景真抒情真。他的这一风格使其诗歌内容明白晓畅，尽显柔美，很多作品语言圆润，清新绮丽，具有一种柔婉之美，与其个人形象大相径庭，尤其是感情真挚，颇具励志性和感染力，给广大读者以心灵的共鸣和生活的启示。

期待着白发科更多更好的作品问世。

子昂故里五月花

——读任郁诗集《五月女子》

任郁，来自我引以为豪的子昂故里的一位基层女诗人、作家，一位固守文学梦想并勤勤恳恳教书育人的人类灵魂工程师。因为参加陈子昂诗社庆典，我得以认识这位为了搞好庆典活动义务忙活得不可开交的"任老师"，后来便更关注起这位家乡文友的作品来，直到最近读到了她的新作《五月女子》。

她说，我本是一个卑微的人，我爱着，更尊重每一个卑微的人。她在《卖菜人》里写道，"在像我舅舅的人那儿买菜／我从来不讲价／并且／尊重他的每一片菜叶"。其实，我也是一个卑微的人，我们都是一个个卑微的人，卑微的人才是社会的主体，因而我更尊重这位谦虚内敛的女性和师者。也许是因为来自子昂故里，也许是因为出生在五月，我们的这位任老师早早就与文学结缘,尤善诗歌。她的诗歌文字功底深厚:有的朴素如泥,有的典雅似花,有的款款深情,有的富于哲理,有的冰雪聪明,有的柔弱忧郁……

她热爱生活,不管是对人、对天空、对大地,还是对妩媚的大自然,她都满怀感激和敬意,"总有那么些日子／我只能走向你(指大地)／将我疲惫的心紧贴你／没有什么能让我如此安静／如此信任／能让我如此恢复信心和力量"(《深呼吸》)。在《感谢粮食》里,她满怀深情地写道,"哺乳着天空和大地／喂养着一双双奔波的脚／喂养着一颗颗复杂的头颅／喂养着一行行繁忙的追求／粮食,你也喂养着我的诗歌／还有我的呼吸／像母亲柔软的目光铺满我金黄的一生／你在我的血液里微笑／我酣然入梦我健步如飞／因为你啊"。

关于爱情,她有更多的话要说。在爱情的阳光和雨露里,既有对爱的执着,也有对爱的彷徨,而爱本身就是一个说不清理不明的事情,等到似乎真正明了的时候,一切都成了忧伤的过去:

"那个小姑娘／她不停地走／花开了一路／叶落了一地／走到清醒处／已近黄昏时"(《爱里行走》),"但若干年后／我在水里哭泣"(《水里的微笑》)。

除了爱情,也许每个人内心深处都渴望知己,要不辛弃疾怎么会在《贺新郎》里说:"知我者,二三子。"在这个喧嚣的时代,在这个物欲横流的时代,在这个人人都感到表面光鲜而内心孤独落寞的时代,诗人任郁站了出来,振臂高呼:"让我们手牵着手吧／就像一座山／紧挨着另一座山／一棵草／紧挨着另一棵草／多么亲密友好(《魂系知音》)。像钟子期和俞伯牙的知遇知交，让多少人倾倒，可是，"有几人能有伯牙幸运／将手伸进任何一方山水／都能与子期紧紧相扣／从此不怕孤独的肥和瘦／世间最豪华的一次牵手啊／安慰了多少颗苍凉而又多情的心"，点破了那层纸！

《五月女子》共分三卷：诗歌卷，散文卷，小说卷。她的散文和小说，很多也蕴含着诗歌一样的美，但有的却又是另一番风格。不过任何一位作者的创作都离不开她生活的土壤。透过她的文字，我们能够感受到她作为一名教师的那份责任感，尤其是她对学生的那种发自内心的担忧和关爱："爱，很美，也很重！我多么希望，我的每个学生，你们一出生，就都能够享受到，享受到一个优秀女人的优秀的爱（即使她的地位很贫贱）"（《优秀的爱》）。

她的短篇小说《孤独的叫声》和《诱饵》，用忧伤的笔调，诗意的语言，讲述了男女之间那种微妙的感觉：幸福，战栗，伤感，无奈……

一千三百年前，先贤陈子昂疾呼："前不见古人，后不见来者。"千年之后，有一个"五月女子"翩翩走来，在《千年等一回》中，她写道："我已经沉睡了那么多世纪／我慢慢张开了眼睛／花朵在我身旁一遍遍开放……"是的，五月是个花的世界，先贤陈子昂撒下的文学种子如今已在射洪的角角落落和百万优秀洪城儿女的心中植根、发芽、开花、结果。我看到一个任郁走来了，千百个任郁走来了，社会主义文学的大发展大繁荣就在眼前了。这是我所欣慰的，更是子昂期盼的，先贤若有知，定会改吟："……后又见来者！"

与一只鸟的对视

——评朱佐芳诗集《时光的背影》

正当台风"妮妲"以最大风力14级，42米/秒的速度肆虐我国东南沿海广州、深圳等地时，朱佐芳，这个宜宾的柔弱女子，以一本诗集《时光的背影》，像台风般地摧枯拉朽改变了长期以来她在我心中的印象，没想到她的诗跟她的外形截然相反，她的诗大气磅礴、雄浑厚重、视野宽广、有血有肉，有极强的思想性艺术性，完全不像出自女人之手。阅读着《时光的背影》，我仿佛看到台风中一只逆风飞行的鸟，这只孤傲的大鸟就是朱佐芳。

人们常常用"用小鸟依人"来形容女性。的确，女性天然地有着擅长文学艺术的倾向，于是便有了必然的文学追求。中国传统女性面对着生活的压力，更具备坚强的忍耐性和韧性，对文学的追求就更为渴望和迫切。在文学艺术领域，女性的幻觉想象和形象想象能力，占着明显的上风，因为女性富于情感、观察细致，并且注意细节、感受敏锐，像我们所说的第六感，在许多女性身上都有体现，所以在进行文学想象和艺术创作时，女性就更容易做到细腻和逼真。在文字语言能力方面，女性也有比男性更大的优势，尤其在诗歌方面，从古至今，每个时代的女诗人常常在作品中对女性的生活处境和情感进行描写，无不流露出女性的丰富的内心情感世界，在抒情表意的技巧方面，也表现得非常细腻，富于艺术感染力。然而，朱佐芳的作品除此以外，更具众多男诗人的豪气和霸气，少不了雄鹰般展翅蓝天傲视一切的英雄气概。她的作品并不只拘泥于庭院花园闺阁怀春之情，更兼胸怀祖国放眼世界之气魄，许多诗歌赞美锦绣山河、咏叹国恨家仇，一点不逊色于男性。在她的《时光的背影》第一辑"流水浮灯"里就有众多的表现，诸如《风雨石门关》中"……石门关内关外。蹄音里的古道、西风／瘦马、孤魂。将军、政要横刀立马的回声／在光影里淡入淡出／苍苍马蹄湮没或覆盖。或卷动万世风云／一群猪儿石与集聚的历史人文／与旧时光纠缠不休／乌蒙磅礴。鸟语滴落的幽兰山谷／纤夫号子隐约。随浩浩南广大河／顺流而下……"诗人眼中的石门关，并不是简单的普通的一门一关，她的重点在于"石门关"前面的修饰和限制性定语"风雨"二字，于是才有了读者眼前行色匆匆的商贾，才有了瘦马驼铃的游子马帮，才有了读者眼前横刀立马的将军。正如诗中所云"像一把钥匙。打通川滇要塞的经络……"打开了"一道文明的记忆之门"。又如她的《登黄鹤楼》"……置李白崔颢的诗句／于时间的汪洋之外。用80元的门票／购买我半截光阴发呆／计算，历代文人来此的总和……"这是何等的豪迈，大有毛泽东的"数风流人物,还看今朝"之势，果然不出所料"……3500年历史的波澜壮阔／任一轴江山如画的写意山水行走于时光之舟／凭栏屈原来此的上下求索／岳飞勒马抚剑的长吟／黄鹤楼,有奈何你借用多少文人墨客之笔／也描不了极目楚天舒的辽阔／写不尽毛泽东的《水调歌头》／抒不完,滚滚长江的云飞浪卷,春潮秋波"。又如其《江城记忆》里的"虚构长江十万亩涛声在肩头。虚构／一个个朝代的过往在眼前"，这理应是胸有雄兵百万的大丈夫所为，正如李犁先生所言，用十万亩的量词来比喻涛声的辽阔，而让长江的"涛声在肩头"，这是一种豪迈和气魄，而让一个个朝代在眼前复活，就是一种雄心和胆识，诗歌因之有了气势，诗境也变得寥廓和雄壮了。朱佐芳真是一个大气的女诗人，从而印证了"写作跟性别无关"的论断。

　　之所以本文标题要用"与一只鸟对视"，是因为其诗歌《在天堂湾,与一只鸟对视》的缘由，她在诗中写道，"……我与一只鸟，对视良久／我与自己展开一场批斗。抖去凡俗瓦片／旧时光站成一排向我反省……"。就在朱佐芳与一只鸟对视并开始反思的时候，我发现了她具有鸟一般的眼，具体点应该是鹰眼。根据研究，鸟眼的相对大小，在脊椎动物中是占第一位的；视觉的敏锐程度，在脊椎动物中也是首屈一指的。我们常用"鸟瞰"这个词语，是指从高处俯视地面景物的意思，这个词语充分反映了鸟类的视觉是很敏锐的。因此，具有鸟眼的朱佐芳，虽然身在川南宜宾边远古老的小县城、享有"乌蒙西下三千里，僰道南来第一城"美誉的高县，但其眼光高远，

"鸟瞰"祖国锦绣山川。

鸟类之所以具有完善的飞翔和视觉能力，是跟鸟类神经系统和感觉器官的高度发达有关。拥有了鸟眼的朱佐芳更加善于观察生活、观察世界、观察人生，写起诗来视角更加独特。她的诗歌的内容非常丰富，写景、写人、写情，她的笔下有亲人、有情人、有爱人，还有素昧平生的环卫工人、建筑工人，有诗人、有杂耍的，还有敲木鱼的修行者。佛教与寺庙也曾多次出现在她的诗句行间，虽然说不准朱佐芳是否是位佛门的禅修者，但可以肯定，她一定是位诗歌道路上的修行者。此外她在诗歌中抒发的情感和表达的内容也呈现多样化的特点，有表达离别相思之苦的，有表达家国情怀的，有描写乡愁故土的，也有讲述生活苦难的，打破了传统女诗人的单一诗歌情感特征，从现实生活的多个层面抒发情感。比如《父亲手中的画笔》中，父亲画笔般的锄头，在"画远方，画白云／画妻子的温柔／画溪流淙淙从时光里流淌的声音／画一只鸟儿对另一鸟儿的歌唱／画麦芒与玉米，一年又一年的分蘖……"直到"画出一双老茧和满脸皱纹"。该诗足以能够小中见大，一柄锄头述说了如山的亲情与父爱，又如《山村记忆》里"溪水做琴声，乱石和牛羊／做玩伴。那时我记得时光之慢／童年的日子之甜……"不禁让我想起我的快乐童年，看似有拘泥于狭小的个人情怀，但总给人清新、自然的余味和共鸣。

作为一个诗人，在这个浮躁的年代，朱佐芳俨然似高尔基笔下的海燕，管你风浪滔天，我自平稳飞行。《时光的背影》整本集子里没有浮躁的气息，没有怨声载道的诗句。她在《谈余秀华，我们也谈论爱》里写道，"背靠时间。反锁青春／

我们每天用走路成熟思想／用吃饭长记性。用日子堆砌流年／有时也在阳光里照镜子／数四季在身体上碾过的痕迹／数身边女孩的笑容。并从中看见自己／走过色彩、线条和往事……"这是多么的从容淡定，溢满了包容的气质和隐忍的爱。她的《灵魂的皈依》《古寺敬香》等诗文短小精悍，充满了哲理和智慧，仿佛有一双洞穿世事的明眸，能分辨出好与坏，近而准确地给予人生定位和概括，形象、生动、准确。好的诗歌不需要太长，不需要过多的修饰，自然呈现的诗更能贴近读者的内心。朱佐芳做到了，一路下来，她在一个个方块字组成的诗歌阵地上翻卷腾挪、纵横驰骋、自由飞翔。她在诗歌道路上的修为已经被广大读者认可，我觉得她正在赶赴一场心灵的盛宴，她将"越过水湄，直达炊烟"并"醉倒在春意融融的杯盏里"。

　　最后，用作者的几首诗名来结束本文，你有《春风斩》，亦有《秋风辞》，《提着落日的灯盏》，《诗酒趁年华》。

从费尽贤《白眼》
看短篇小说写作技巧

　　短篇小说是整个文学殿堂里的一种特殊的文学体裁，有其独特的写作规范和写作技巧。现以费尽贤先生的短篇小说《白眼》作为范例，与各位文朋诗友一起探讨。

　　在《白眼》这本短篇小说集里，有27篇小说。27个故事主题的确定、人物的塑造、情节的展开、场景的设置、视角的选择，都突显短篇小说的特征和组成要素。首先，短篇小说应该塑造令人信服的人物形象，用句射洪的老话就是"画个舅子像个舅子"。《白眼》一书，里面的人物众多，形象丰满，既有敢爱敢恨的黑菊，也有难守寂寞的兰子；有表面严厉内心宽容的班主任兼历史教师罗静修，还有长着一颗瘰脑壳却拥有如山父爱的孤老头楞子大爹。还有老实憨厚的海荞，勤劳致富的"鱼鸹子"，以及阮丁、麻婶、昌全、竹青嫂、三姑婆、五叔、书生、石匠、狗蛋、六指儿、特务、驼背裁缝、红卫兵"金箍棒战斗兵团"司令等等，一个个生动的人物跃然纸上，活生生走到读者眼前。

故事情节是由于主要冲突而发生的一切事件，包括展示部分、开场的偶发事件、渐渐激烈的行为、高潮、渐渐平缓的行为、结局等。在展开情节的过程中，作家会在时间安排中运用不同的手法来制造各种悬念。场景在情节中起到关键的作用，作家在写作中往往让读者通过推理、暗示来了解场景，而不是用成段的描写来阐明场景。短篇小说的情节一般包括开篇、冲突、高潮和结局，通过设置与人物性格相协调的场景，传达特定的主题，遵循始终一致的叙述视角，运用与人物性格相符的对话，通过简练精确的描写来展示人物、主题和冲突，运用富有想象力的语言和文学手段，以达到特定的文学效果。如《白眼》一书中的《怪雾罩》一开篇，"下午，大雾弥漫，荒岛兀地变成了一块无所依持的沙洲！大雾把天地弄得变幻莫测，仍在升腾密集的雾气像要把一切消融。"在这个怪雾罩里将会发生什么故事呢？读者正在想。"噫！怪雾罩，狗日要起偷儿水！"只用了船上水手的这一句，介绍下午发浓雾，晚上有可能突然发大水，那这个岛上将会发生什么事情呢？然而费先生并没有接着写雾，也没有写水，而是写一个箍桶的人，一个憋了一肚子气疯狂使劲捣桶底的楞子。楞子气什么？因为他撞见自己的父亲"爬灰"，那骚狗老头喝了酒想"烧火"，动了他的娇妻石点儿，这是天大的仇无法原谅的恨，甩给读者一个巨大的冲突。若不是"石点儿拼死扑了上去，紧紧抱住了楞子抢斧子的手"，楞子骚狗老爹醉枣样的头颅就搬了家。

"怪雾罩像块沤得令人恶心的灰色尸布紧裹着孤岛"。这样的环境,这样的氛围,遇上这样的事,楞子用酒精将自己麻醉,烂醉如泥,在这个屋外狂风怒号漆黑的夜晚,仍凭石点儿摇他扳他捶他拍他一点都没反应。眼看着洪水即将破门而入,是那个做了错事的老爹,跪下地一头钻进楞子的胯里,憋着气翻着白眼,拼了老命将儿子楞子和儿媳石点儿拱上了屋顶,然后自己再爬上了屋脊逃生。故事的冲突越往后越紧张,几乎要让读者屏住呼吸往下读,作者将三个尴尬的人物放在了一个非常狭小的空间里,就是那个在滔滔江水中摇摇欲坠的屋顶上,而且这个屋顶在不停地散架、下沉,在这个屋顶上,是憎恶的老爹教楞子两口子蹬瓦、撕掉衣服绑木椽子,指挥儿子媳妇抱紧屋脊自救求生。正是在这个飘零的屋顶上,楞子想起了老狗日的曾经见义勇为,守堤巡夜叫坏人用菜刀砍过,小时候曾与自己一丝不挂地在被窝里玩耍,但这些都难抵自己心头之恨。爬在这个随时都有可能散架的屋顶上,闪电不时地将他们身体曝光,同时将他们的灵魂进行曝光。好一个费尽贤,不光把这三个尴尬的人放在同一个屋顶,而且还要把他们身上衣服脱光了,让矛盾冲突加深。最后,当屋顶无法承受三个人的重量时,面对死亡,这个瘪脑壳老头虽然并不知道《易经》中有"天地之大德曰生",但他却将生的机会主动让给了从堤窝里捡来养大的不会游泳的楞子……整个故事随着怪雾罩的消散而结束,干净利索,故事结构严谨完整,叙述视角独特,结局凄婉感人。

主题是小说要传达的主旨,也是短篇小说的灵魂,没有主题就不可能有真正的小说创作。正如《怪雾罩》揭示了伟大的父爱,《蓝海眼》书写了诚信与师生之爱,《痴槐树》则考量着爱情与命运,《三姑婆》爱上一个人搭上一辈子等等,简单明了,清晰自然。短篇小说为读者提供阅读娱乐的同时,也激起读者的某些情感,传达某个主题。这一主题并不总是一个清楚表达出来的寓意,有时是寓于小说字里行间的对生活或人类本质的一种洞识。主题一般来源于作家生活中的具体经历,如周围的偶发事件,自身的困境或困扰着自己的社会问题。费尽贤的作品大多也反映着他自身的影子和生活的环境。《蓝海眼》就通过特定的事件——饥荒与偷盗直至逼出人命——从而对那个特定的时代进行控诉,引起人们的反思。又如《白眼》虽是作者早年之作,但故事主人公兰子因老公长期不在家,欲望得不到满足,最后发展到与四乔偷情,相似的故事在当今中国广大农村数以亿计的留守人员身上时有发生,具有十分典型的现实意义。

　　小说创作的成败取决于人物的塑造,因为正是人物的行为传达了小说的主题。人物的塑造需要集中于刻画"圆形"人物,即主要人物。刻画人物的具体方法一般有三种:描写、行为和对话。具体包括人物的身份、外部特征、所处环境、内心活动、行为方式、语言特征、他人对人物的反应等。《白眼》里四乔因为惧怕兰子老公的双铳,在强大的负罪心态下,动手掐死了自己虽然很喜欢但又怕暴露自己秘密的狗蛋。当然,在人物刻画中性格特征的描写比外部特征的描写更重要。要想塑造清晰的人物形象,作者必须清楚地"了解"人物的各个方面,以便塑造出始终如一、栩栩如生的人物。如《蓝海眼》里母亲的行为,由于饥饿,吃糠吃得拉不出大便,用手从肛门里往外抠,抠出了血,当儿子将花生米递给她时,她立即用沾着血和粪的手接过去就往嘴里塞……没经历过那个饥荒年代的人是无法想象,更写不出这样的作品的。这让我想起二十年前读莫言《丰乳肥臀》时读到的情节:上官金童的一个姐姐,饿得没办法了,一边让厨师强奸,一边吃馒头,当时一直不太理解,现在想来正好与费老师的作品有异曲同工之妙。

　　短篇小说的文字运用也是十分重要的。费尽贤的《白眼》文字准确,语言优美,因为费尽贤还是一位画家,所以他的文字也体现着他的这种别具一格的审美情趣。在他的小说中,随处可见那种优美的画面,读者看着他的小说,脑海里就会浮现出他描绘的意境,仿佛还能闻到花香听到鸟鸣。让人在视觉冲击中去联想、去感悟作者所要表达的东西。

　　费尽贤已经在轮椅上坐了十来年了,他能克服自身病痛的影响,在文学艺术领域取得一个又一个突破,不愧为陈子昂故里响当当的文学领军人物。我们期待他下一部新作的同时更祝愿他身体健康!

爱心浇出幸福花

——读《月亮和我捉迷藏》

前不久,我应邀到泸州市叙永县参加陈言熔"冰心儿童文学新作奖"获奖作品座谈会暨文学创作培训会。在会上,四川省作协会员、叙永县作协副主席刘光富给我们每人发了一本由他主编的童谣集《月亮和我捉迷藏》,这本集子其实是去年县委宣传部、县教育局、县作协联合开展的一次"鱼凫文化杯"优秀童谣征文活动的获奖作品集。这既是叙永县儿童文学作品的一次集中展示,也是泸州市儿童文学创作水平的一次对外实力展示。

近年来,叙永县儿童文学创作异军突起,县作协主席靳朝忠、副主席刘光富先后获得过"冰心儿童文学新作奖",靳朝忠的冰心奖获奖散文《颤悠悠的小木桥》入选四川省小学生《群文阅读》教材。同时,叙永儿童文学后继有人,"80

后"的美女作家陈言熔就是其中之一。此外，还有余远忠、李莉、熊开艳、黄国锋等中青年作家分别在各级报刊上发表了大量儿童文学散文、诗歌、小说等作品，这充分凸显叙永县儿童文学创作的优势和特色。在《月亮和我捉迷藏》这本集子中，不乏这些作家的优秀作品，说明叙永的广大作家都非常热爱儿童文学事业。

  童谣是儿童最早接触的启蒙文学，优秀童谣不仅启发思维，丰富语言，更能促进少年儿童美好情感的培养和良好行为习惯的养成。如余远忠的《八月瓜》《端午花》《电线》，孙元蓉的《喜开怀》《斑竹丫》，赵春隆的《莲花》《讲卫生》，肖体高的《红蜻蜓，绿蜻蜓》（外三首），李莉的《小猫作评委》，梁小松的《小水牛》，刘锡生的《月亮跑得快》，万中花的《走人户》，童金平的《做早操》，谭秀琼的《萤火虫》，朱志伟的《平安上学》，罗进的《夏趣》等等作品都读来朗朗上口，好记好背，简单易懂，适合儿童传唱，真正做到了寓教于乐。这就需要作家保持一颗童心，用这颗童心去观察感悟儿童的语言表达和生活，也只有充满爱心的人才能永远保持一颗童心。

  我们在评价一部儿童文学作品时，既可从儿童文学的角度来看它是否能为儿童提供审美与愉悦，又可从儿童教育学的角度来看它是否承载学校教育、家庭教育、情感教育、构建和谐教育生态等现实的功能，同时，还可从儿童心理的角度看它是否能符合发展心理学规律，为孩子各个阶段的成长提供正能量，让孩子有成就感，塑造自信、乐观、善良、宽容等特质的健康人格。如刘光富在《我的梦》中写道，"问我长大想干啥／我要上天种庄稼／还问长大要干啥／钻入海底筑大厦／小小孩童志向大／上天入地顶呱呱"。著名儿童作家邱易东先生点评说，《我的梦》简洁地抓住"上天入地"的梦幻情怀，彰显孩子的中国梦，流畅的语韵，传递正能量，给人飞翔的激励。又如许庭杨在《照相》中写道，"我和小树照张相／小树和我一起长／／我和山花照张相／山花灿烂我芳香／／我和小河照张相／河水哗哗我歌唱／／我和小鸟照张相／小鸟展翅我飞翔／／我和春天照张相／留住童年好时光"。又如曾铄涵在《剪纸花》中写道，"小剪刀，手中拿／妈妈教我剪纸花／剪个太阳窗边挂／剪头小猪肥又壮／剪朵小花香喷喷／妈妈和我笑哈哈"。又如石雨欣同学的《小河流水》"小河流水哗啦啦／我和姐姐去赏花／姐姐劝我莫要采／花儿对她笑哈哈"；温宝林同学的《小花妹妹》"小花花，小花花／提个篮子去卖花／走了下街走上街／人人见了人人夸"；还有郑鑫同学的《赖床歌》、刘淋淋同学的《小小鸟》、杨梅同学的《月亮》、李真烨同学的《三只猫咪》、张伟同学的《豆豆香》、何芳同学的《小鸡》等等，简直不胜枚举，都是满满的正能量。

　　所有的文学，都不能离开生存本身，都应当关注现实和历史中的人的不同存在方式，说到底就是要写人，写人的命运，表现人的生命形态。而每一个人都是现实生活中的人，同时也是历史中的人，文学创作要把握时代脉搏，关注现实和当下，切实肩负起文学的使命责任。作为文学大树上的一根枝叶，童谣创作同样要为人民创作，反映社会现实。一个充满爱心的儿童文学作家，更会去关注老百姓的疾苦。当下对于中国儿童来说，最大的痛，莫过于与父母的长期分居。关于留守儿童的问题,在《月亮和我捉迷藏》这本集子中也有很多的描写,如余远忠的《爬到树上去望娘》"爬山豆,藤藤长/爬到树上去望娘/娘在城里打工忙/我抱树干哭一场";还有他《过家家》中"小石板,当锅碗/苞谷饭,是泥巴/外婆煮饭当娃娃/我来烧火做爸爸/做好饭菜坐着等/不见爸爸不见妈";刘红旗的《哄弟娃》"小弟娃,不要哭/爸妈明天就回屋/给你买了棒棒糖/还有几件新衣裳"以及万玉的《红萝卜》"红萝卜,甜又甜/看着看着要过年/爸妈打工在海边/儿在家里真可怜/想起爸妈泪涟涟/盼望回家过个年"等等,读来令人心酸心疼、欲哭无泪、欲言无语。又如李莉的《小纸船》"小纸船,江中游/漂到长江另一头/漂到妈妈身边去/告诉妈妈好消息/拾起来,拆开看,宝贝试卷叠成船/上面全是红勾勾/妈妈喜上眉梢头";孙林的《写封信》"金银花,藤子长/写封信儿寄给娘/娘辛苦,打工忙/儿子长大报答娘";黄骏的《柳枝》"柳枝绿,柳枝长/我在家中想爹娘/爹娘外出打工远/家中留下小儿郎/小儿郎,想爹娘/抱着小猫哭一场/梦中坐上小飞船/一飞飞到娘身边";还有梁敏的《娃娃找妈妈》、叶科霞的《骑马马》及熊雨露同学的《思念》等等都充分反映了留守儿童对远方亲人的思念之情和早日与亲人团聚的小小奢望与梦想。

  《月亮和我捉迷藏》这本童谣集处处闪烁着"儿童本位"的专业儿童文学特性,这些作品尊重孩子的天性,构筑孩子理想的天国,能够帮助孩子找到成长的力量,避免了简单的说教,所以能得到孩子的喜爱,得到家长、老师的赞许,不愧是用赤诚的爱心浇灌培养打造出来的一部好作品。

黄花飘香大爱无疆

——评李德安《秋山尽染黄花香》

每参加一次文学活动，最大的收获就是背回一堆书。大多数书一放进书柜就不怎么动它们了，但是不动它们并不意味着这些书不存在，它们会默默地在柜子里注视着我的一举一动，有时我也会透过玻璃用眼神与它们交流，等到有时间的时候，才会打开柜子，像个将军阅兵一样，从站得整整齐齐的书阵中抽出一两本来翻阅。因为我是个俗人，所以只有一小部分书因书名起得好或者装帧得好，又或者是请了名家作序等，才会拿回来就放在顺手边，先挤出时间来阅读。《秋山尽染黄花香》这本书，却有些不一样，这本书是李德安亲自送到红星路二段85号来的，并且是省作协名誉副主席徐康老爷子介绍来的，拿在手里一看，觉得装帧不错，再一翻，又是徐康作的序，这得放在顺手边了，你懂的。

李德安，四川蒲江人氏，笔名老德、苦生、李明。出生于上个世纪50年代初，14岁丧父，正遇上困难年代，过早独立生活，建筑工地、打石场、酿酒厂、矿山、冶炼厂、制皂厂等地都深深烙印下少年及以后人生的磨难，说明他有一颗爱心，他的心里充满了爱，他爱生命、爱生活、爱社会。同时，这些别人用钱也买不到的人生经历和苦难磨炼，成就了他深厚的人格文格和精神积淀。于是，在他数十年如一日的文学坚守后，一篇篇、一部部"接地气、通心灵"有血有肉的好作品诞生了，其中这本《秋山尽染黄花香》就收录了他的许多短篇小说、散文、随笔和杂感。

　　康老在这本书的序中写道，"劳动创造了一切"——这是颠扑不破的真理。遥想作者家乡的长秋山，想必也是满山秋色、山花簇簇、香郁浓浓的景致了。春天的播种，夏天的耕耘，终获秋天的收成。《秋山尽染黄花香》是作者辛勤笔耕的劳动成果。这本文集字里行间浸透了"劳动"二字，劳动的伟大，劳动延续了生命，劳动伴随着成长、生活……难怪作者赞誉劳动，歌颂劳动，信奉"劳动唯美"，甚至从心底喊出"劳动万岁"。纵观德安先生这本集子中的几篇小说，的确是不折不扣地在写劳动，除了作者对人物"劳动"的描写与颂扬，还有更多可圈可点之处，譬如他的大爱精神。

　　小说《走》，讲述了在改革开放过程中，随着社会的变革，人们的生活发生了翻天覆地的变化，人们的命运也随之而改变，但是人作为高级动物的本质却没有改变。在这篇小说中，女主人公的善良与坚强就是满满的正能量，年轻漂亮的秋兰出于同情，委身于"坏分子"知青刘源树，彰显了一个普通妇女，对落难知青的包容和大爱。你再看拖着孩子的秋兰，秋兰进城寻找已经变心的刘源树，在遭遇丈夫离弃后，愤然出走。秋兰虽遭遇婚姻的失败、丈夫的背叛、第三者的欺骗，但她并没有被命运击倒，而是牵挂着那些同插秧、同开镰、同劳动，喜获丰收喜悦的姊妹们。小说并未停留在一般"三角恋"对家庭和人生的伤害层面上，而是进一步讴歌了女主人公秋兰的独立与坚强。这里可以看出作者的仁爱之心，通过秋兰来反衬刘源树等人的卑鄙和渺小。德安先生大胆描写"三角恋"的是《一个女人和她的两个男人》，这是一个荒诞离奇的故事，它发生在上世纪六十年代末、七十年代初。因为贫穷和愚昧，才有了一女共侍二夫的荒谬。作者以第一人称的叙述方式写道：

这天晚上我去解手，突然一道黑影闪进院坝，"谁？"我惊恐地用电筒一照："是你？"原来是守山的陈福。我虚惊一场。回到屋里躺下，老鼠吱吱地窜来窜去，我失眠了。不一会儿，西厢屋里传来隐约可辨的声音："十多天了你还不让开？""我、我就走。""他叔，你体谅他，他腰杆痛又犯了，怕冷……""你天天陪他睡腰杆咋不痛？起来！滚……""老子今天就不走，看你把鸡巴咬了？！""老子今天就给你……""不打了，不打了，呜……"两个男的和一个女的声音搅在一起冲出屋，冲进灌木林，在这宁静的夜空里，被山风飕飕地敲打着。"好，我走，我走……"是陈队长的声音，嘎吱，他推开门走出屋外，蹒跚地往山上去了。屋内传出陈福粗野的声音和女人的呻吟……早晨，太阳爬上了山坡。一晚的失眠我还带着倦意。"张同志，吃饭了"，女主人在屋外喊道。山里人都要做一阵早工才回来生火煮早饭，我一人在山上也只好搭他们家的伙食了。起床洗漱后，端上碗，没见陈队长和他兄弟，我未假思索便问："陈队长没回来吃饭？哦，陈福也没回来吃饭？""他俩弟兄一个挖地，一个守山，莫等他们，吃吧，张同志别客气。"我吃完饭后，陈队长挂了一根树木拐拐回来了，不一会儿，陈福扛了很大一捆柴丢在院坝，舀了一碗玉米糊糊坐在门槛上狼吞虎咽喝着。昨晚上的事像没发生过，吃完饭他们各人忙着各人的活路做。

长期经受着精神煎熬的女主人，在一次求佛保平安中受了刺激，精神失常，治愈后，作者才了解到她的凄楚身世：她姓罗名秀芝，十六岁那年，经人介绍跟了陈福。但她从未与陈福见过面，因陈福到很远的地方支援国家建设去了。她来到陈家正是这里万马齐上大炼钢铁的年月。陈福的哥——陈队长——在矿山任运输连连长，他带领全连，应该说是全村的青壮年及包括她在内的妇女们，一背一背地把矿石背到山腰的滑道旁，又一根一根地把坑木扛到山顶洞口……次年，陈队长扭伤了腰，几天前还是万人沸腾的大山，一下就变得冷冷清清，接着下半年饥荒，水肿席卷而来。矿山撤了，公共食堂垮了，陈福的母亲也去世了。陈队长因腰痛，她只好承担了生活的担子，每日上山挖地，砍柴挑水；种的南瓜也舍不得吃，拿到山下换钱买药治陈队长的病。后来她不知听谁人说：陈福已饿死在外了。好在她没见过陈福的面，也没有什么手续，所以她把身子给了陈队长。但到六二年她与陈队长去公社办了结婚证不几天，陈福鬼使神差地回到了山上。陈福见说给他的女人是如此的花容月貌，而且贤惠能干，却被他哥占有，心中耿耿于怀。他在外几年养成既孤僻又鲁莽的积习，多次挑起事端，摔锅打碗，恨不得把他哥撵走，独占她。她见陈福每日铁着脸，无事挑衅是冲着自己来的，心想如此下去咋能生活？她想过走出陈家一了百了，但又想到自己毕竟是嫁了人的女人，而陈队长腰还时常犯病，走不是，不走也不是，真是左右为难。后来，"陈福强行与我发生关系……我没有反抗任他发泄摆弄。我眼泪汪汪出来后，他哥也没说什么，只叹气一声"。这几年山上一年比一年穷，比他好的男人都找不到婆娘，跑到山下上门，还有哪个女的肯来？日子长了，陈福和他哥形成了一个啥呢？像是你们读书人说的'协议'吧，十天一转……"在中国古代，这样的事情实际上现在也是存在的，只是没有谁去过多地关注这个问题，一方面男女比例不平衡，另一方面资源分配不均，造成区域"性"问题，一夫一妻于是变成一夫多妻或者一妻多夫，这个问题在农村尤为突出。表面看似乎促进了社会和谐，但实际在有的地方往往会由此引发冲突和血案，甚至成了社会的不安定因素。在中国几千年的封建社会里，因为资源的占有不公平，一夫多妻长期存在，甚至于成为成功人士的象征，乃至于几千年的封建残余思想还在作祟，现在很多所谓先富起来的人和有权有势的人便千方百计地养起小三小蜜。然而，德安先生笔下的罗秀芝，因为她的善良、因为她的懦弱、因为她的无奈，仅仅是为了活下去，为了穷山沟里的那个家，却不得不生活在两个男人之间"每十天一轮"的困境中，自己还要背负着"被分尸万段，下地狱永不得翻身"的精神枷锁，成为一个悲剧性人物。但我倒是觉得，罗秀芝是有着大慈大悲大爱之人，是可以成佛的，各位看官难道不知："我不下地狱谁下地狱！"

　　大爱精神与我们党提倡的和谐文化建设是完全融合的，而且大爱精神是和谐文化的精华。建设和谐文化，是构建社会主义和谐社会的重要任务，社会主义核心价值体系是建设和谐文化的根本。在源远流长的中华民族精神发展史上，人文精神是中华民族精神的内核和发展的主流，"大爱"更是人文精神的集中体现和精华。中华民族文明绵延五千年的辉煌历史，也是中华民族"大爱精神"滋生、孕育和传承的光辉历程，是"大爱精神"这颗中华民族人文精神中最为璀璨夺目的宝珠照亮中华文明五千年的历史。虽然《秋山尽染黄花香》这本集子中的小说大多是作者数年前的存货，写的也是上个世纪的事情，但其积极、昂扬的精神实质是没有时效不会过期的，所以德安先生这些存货是地地道道的干货，没有什么水分。又如《刘万金的死》描写改革开放土地承包初期，一批发家致富的新农民的精神追求与物质追求的矛盾碰撞，实际上是改革与保守的两种思想的斗争，最后才酿成了刘万金之死。作者采用倒叙结构，先抛出了刘万金死讯吸引眼球，再像剥洋葱一样，层层剥开，一瓣一瓣展现给读者，慢慢告诉你刘万金是谁，他是个怎么样的人，跟他有关系的人有哪些，他是怎么死的。中间还有两个插曲，一会儿是他儿子投案自首说是自己投毒杀的，一会儿又冒出个干瘦小女子说是她杀的，最后，抽丝剥茧，哦，原来刘万金是自杀的。小说悬念设置非常成功，看着白白嫩嫩的洋葱瓣瓣，剥葱人没有一个是不流泪的。此外，小说《有这么个人》，通过卖冰棍者的不断忏悔，使人看到了"三穷三富不到老""三十年河东，三十年河西"，这些古话如何在现实中应验，从而引导人们向善。小说《昨天、今天、明天》，昨天的"坏"知青"座山虎"，今天却变成助人为乐、积极工作的铁路员工"左三湖"，是经常受他们欺负的"赵医生"的无疆大爱改变了他，赵医生不但为他做手术，而且将自己仅有的5元钱也给了这伙"强盗"，才有了后来的左三湖"只有工作，拼命地工作，才能忏悔……"还有《黄飞飞》中为素不相识的死者，维护讣告张贴时间，天天守在讣告（黄飞飞）前因而得名的"黄飞飞"，都是胸怀大爱之人。

　　人类究竟应该向何处去？哪里才是人类文明前进的方向？纵观人类的任何一个生命个体，其生命历程无一例外地需要他人与社会的呵护；人类生命群体在繁衍和发展过程中，无时无刻不在面对着饥饿、严寒、酷热、灾难、困苦、祸害、危险等恶劣环境，面对着人出生、幼弱、疾病、伤残、衰老、死亡的过程，也无时无刻不期盼着人生历程中少一些痛苦，多一些幸福和快乐。从这个意义上说，人类社会生活的实质就是人类生命的过程，或者说就是不断呵护自身生命的过程，就是不断实现对幸福的期盼，改善生、幼、弱、病、伤、残、老、死等生命环节的质量的过程。这个过程对于普通人来说就是生产生活，也是每个人由生到死的必经历程，或许太熟悉或许太认真，"不识庐山真面目，只缘身在此山中"，然李德安却从这个历程中跳了出来，仔细地观察冷静地思考，用文字一篇篇记录与讴歌着当下生命的历程，书写大爱。就像墨子一样，李德安勇敢地站了出来，他直面嘈杂而又混乱的人群，大声对着低头行走的人们挥臂高呼："天下所有的人，都相爱吧！"

　　黄花飘香大爱无疆。

探寻古蜀文明的新尝试

——评周明生《古蜀宝墩》

近两年来,正当小鬼子为争钓鱼岛与中国闹别扭的时候,大家被仇恨蒙住了双眼,其实小日本即使九次使坏,也还是有那么一次两次是做对了的。上个世纪九十年代中期,在日本文化名人梅原猛教授撮合下,中日联合对新津县龙马乡的宝墩古城遗址进行了一次考古试掘,最后发现了大量城郭遗址,面积约276万平方米。这是全国迄今为止发现的具有内、外双重城墙且面积数第二的龙山时代城址,其巨大的规模使人们不断推测:我们足下这片土地,4000至5000年前已经出现了高度集中的政治和权力中心,那时的人们在这片土地上是怎样生产生活的呢?

新津籍作家周明生试图以文学的形式演绎史前古蜀历史,破解宝墩古城消亡的千古之谜,于是,这部描写古蜀历史的长篇小说《古蜀宝墩》诞生了。周明生先生是老作家了，创作了很多的文学作品，有报告文学，有戏剧文学，有小说，也得过好些奖项，是文学川军中的优秀骨干作家之一。近年来，他潜心研究成都历史文化且密切关注现实，以每年一部的速度，连续推出长篇纪实文学《马塔角行动》、长篇报告文学《沉浮东方》、长篇小说《大梦沙河》《大机场》和《古蜀宝墩》五部厚重之作，充分展示了周明生先生优秀的创作实力。《古蜀宝墩》这部小说，受到著名作家、四川省作家协会副主席、巴金文学院前院长、茅盾文学奖第八届评委傅恒先生的关注，他说：演绎本地远古历史的文学作品很少，演绎出好看的故事的更少。文学的任务就是给读者提供好看的故事。四川作家在构思故事和表达自己的思考方面一直在做很多的努力，但遗憾的是，总是很难把它们结合好。周明生在这个问题上做得就不错。他从远古历史真实的史料出发，加入自己对社会对人生的各种思考，构思出了一个很生动的人物，围绕着女主人公依娥，展开了一系列曲折感人的故事。同时，周明生在虚构这部小说的时候是很下了一番功夫的。他虚构了三个国家——宝墩王国、三星王国、有纥国，通过依娥这个人物，串起了三个国家中的重要人物。

近年来，描写历史题材的小说很多，这类题材在创作中有的尽可能复原历史真实的一面，有的则在一定历史基础上胡编乱造，诸如《戏说××》。宝墩古城存在的年代相当于大禹的年代，这么古老的历史怎么写？这对于任何人都是一个挑战。周明生先生则在掌握有限的考古资料和历史真实的基础上尽可能地去探索复原历史。但是，从上世纪90年代中期到现在，宝墩遗址发掘的历史不长，很多谜团尚未破解，在这种情况下，为了创作这部作品，他一直关注宝墩发掘的全过程。周老师生于斯长于斯，对新津县的山山水水都非常熟悉，他充分利用本土出身优势深入考古一线，搞好田野调查，掌握了大量的一手考古资料。在此基础上，充分发挥他的想象力，构建出这么一部风云聚散的关于古蜀文化的三国演义。

《古蜀宝墩》作者周明生以史料为基点，大胆追求文学真实，既保持了历史事实原则上的真实性，又站在现代人的角度，用现代的眼光、发展的眼光审视那段历史，从而拥有了鲜明历史的认知价值。

有纮氏虽遇亡国灭族之灾，在生死存亡之际，国君纮雷断然决定，让王子纮鳌率领十几个青铜工匠和玉石工匠强行突围，先设法存活下来，等到条件成熟时，找到一片理想的新国土繁衍种族，复兴故国，以报血仇，这就是小说故事的开始。于是，有纮氏这支突围人马便开始了亡命天涯，最后来到了成都平原古蜀三星国地盘。岂料三星国王荒淫，只想抢夺有纮氏的能工巧匠，在取得了与三星国的首捷后，纮鳌率领数百残兵终于来到了宝墩国，希望能得到宝墩国的接纳。这时，他巧遇宝墩国百夫长火补尔铁和上游部落少女沙马依娥，来自不同种族的这三人的三角恋就此展开，三个人的命运也从此发生改变。最下层的女奴隶沙马依娥因其美貌多娇，引得无数英雄竞折腰，宝墩国王为了得到她不惜杀人放火；三星国王为了得到她不惜与宝墩国开战；有纮王子为了她不惜发动叛乱，最终导致三星王国的覆灭……

大气磅礴的《古蜀宝墩》属于写实小说，在用文学视角解读古蜀历史的同时,也用传奇的故事表现了中华远古文化的多样性。在艺术结构上,采取多元叙事。几条线索轻重有别,长短不同,不分从属,故事按各自的归属发展。其中主人公沙马依娥、火补尔铁命运跌宕,尤其悲壮的结局让人痛心扼腕:在那通天神树下的最后战场上,只剩下尔铁一人活着,他的脚下尸横遍野,血流成河。他挺着一支锋利的青铜长矛,那是他的战利品,他战袍褴褛,伤痕累累,浑身是血,他杀敌无数,喘着粗气,身体已经疲惫不堪。当三星国的刽子手们围上来活捉他时,尔铁调转长矛,对准自己的心脏,竭力刺去……为了宝墩故国的黎明百姓,为了故国的情人尔铁,沙马依娥选择了报复三星国王蒲峣的方式——捣毁三星国的神庙,掐断三星王国的根脉,让暴君蒲峣和他的军队失去天帝的护佑,于是,依娥放火点燃了神庙,也将自己一同毁灭。整个燃烧的房顶突然坍塌,惊心动魄的火海从空中轰然倾覆,眨眼间,她美丽的身体跟弥漫的烈焰融为一体,随着一阵优美祥和的仙乐声,依娥的灵魂化作一只火红的凤凰,通体透明,从火海中腾空而起,向着九天,翱翔而去。

《古蜀宝墩》所涉及的历史久远,为弥补史料的不足,周明生表现出了非常大胆的尝试与有益的探索。小说中不仅交代了这个王国的先民从远方而来,最终定居在平原的通天神树下的迁徙经历,而且描写了宝墩居民的日常生活、国家祭祀、军事行动等系列情景,特别对宝墩人修筑城墙给予了充分的笔墨。正是通过这些文学的想象,作品为读者提供了一幅古蜀人生动形象的生存画卷。作品之所以对宝墩国修筑城墙施以大量笔墨,不仅是为了印证庞大的宝墩古城遗址的存在，其实也包含了作者的一份历史思考。周明生还试图回答读者关于三星堆的数个疑问：四川盆地的青铜文化来自哪里？周明生用《古蜀宝墩》回答，说是从中原夏商由有纮氏带来。三星堆发掘的青铜器坑是怎么来的？周明生用《古蜀宝墩》回答，三星国灭亡时，沙马依娥一把火烧毁了神庙后，蒲峣命令蒲阳妥善处理后事，把那些象征天帝和先祖的青铜人像、面具、神树、礼器、玉石等统一挖坑掩埋等。当然，小说嘛，本身属性就是虚构，他这些答案作为一种猜想一种解释，也无不可。从《古蜀宝墩》这部小说里，我们读到的是古蜀平原上机关算尽的宫廷争斗，读到的是血雨腥风的种族扩张，读到的是国破家亡的征战和杀戮，读到的是美轮美奂的天府胜景，读到的是宏大磅礴的古蜀人生产劳动场面，读到的是千古绝唱的爱情悲剧……作为一部宏大的遥远的史诗，小说在远古文化中挖掘出的恢宏、瑰丽和神秘，与现实的观照有效地契合，读来耐人寻味欲罢不能。

  此外，周明生在《古蜀宝墩》中的人物塑造也非常成功，小说中人物鲜活、性格鲜明、各有特征，给读者留下了深刻印象。聪明能干胸怀大志的有纮国王子纮鳖，坚强正直的火补尔铁，美丽善良的沙玛依娥、蒲花红，半人半神的大祭司吉觉约莫，野心勃勃的大将军莫西赫洛，贪恋凶恶的三星国王蒲峣等众多的人物形象，在广袤的古蜀大地上共同演绎出了《古蜀宝墩》这台大戏，把枯燥碎片的历史资料转化为一幅充满生机的人文图景，最终成就了这部古蜀历史题材优秀的长篇小说。

细入生活见真情

——评郑兴明诗集《太阳神鸟驿站·郑兴明诗选》

彭州诗人郑兴明，认识有好几年了。此人极其谦逊，一口一个"老师"，其实，他这样的人才配做老师。郑兴明是个勤奋而又高产的诗人，除了在《诗刊》、《星星》诗刊、《绿风》等全国一流诗刊发表大量作品，还出版了好几部诗集，我书柜中就有《乡下的蟋蟀》《家在彭州》《太阳神鸟起飞的地方》《太阳神鸟驿站·郑兴明诗选》四本集子。他的诗跟他的人一样真诚、细致、质朴，流淌着浓浓的生活味，他的诗大多取材于身边的人、事、物，既没有华丽的辞藻，也没有刻意的修饰，往往是几句白描加隐喻，就能触动读者内心深处最柔软的部分。

因为要准备参加他的诗歌研讨会，我又把他的《太阳神鸟驿站·郑兴明诗选》找出来阅读，给我最大的感触是通过郑兴明笔下的人、事、物，你能深切感受到他对待平常人、平常事，以及最容易被人忽视的社会底层的人物及现象的疼惜和悲悯的情怀。从他的诗里能感觉到他有着丰富的生活积累，用现在时髦的话讲就是他"深入生活、扎根人民"，他的诗歌取材广泛，一花一草、一事一物都可以入他的诗，身边的亲人、同事、路人，一场雨、一阵风、一抹残阳、一声蝉鸣、一片雨花、一块石头都是他歌之咏之的对象。他关注劳动人民所关注的生活的细枝末节，他把自己的目光聚焦于生活的点点滴滴，他把自己的注意力集中到下层劳动人民，除了国计民生就是油盐酱醋，弘扬真善美，讴歌正能量。在他的笔下，除了父母、姐姐、妻子、奶奶，更多的是诸如采石工、打工妹、小城诗人甚至很多与自己毫无关系的人，有放羊的、扫路的、拉板车的、刻石头的和偶尔闯入超市的黝黑的农民等陌生的卑微的小人物小角色。他写的事也是一些诸如插秧、挑稗、投宿、吹风、刮痧、送药等小事，他写的物也不过是故乡的小河、萝卜花、莲花湖、小麻雀、断桥、柳絮等小景小物。也正是这些小人物小角色、小事小景才支撑起了我们这个纷繁复杂缤纷多彩的世界。诗人的人格和精神在作品的基调中逐渐透现出来，轻易就能打动读者的心。

　　诗歌诗歌，诗而歌之。诗歌是从音乐里诞生出来的，是可以歌咏的。诗歌的音乐美，一直是中国传统诗词的重要表现手法。朗朗上口，铿锵错落，起伏跌宕，使诗歌从听觉上对人产生强烈的心灵冲击力。现代诗歌的语言要求用最简洁的词句来传达尽可能丰富的内容，郑兴明惯用短句，他的语言优美凝练、含蓄跳跃、形象生动，如《卖红苕的老人》 中，第一句"发黑的草帽　三轮车"仅用八个字,就将卖红苕的老人外表形象勾勒出来了,"'红苕!''红苕!'他埋头喊／这憨憨的声音　如果对地头喊／红苕就会发痒　就会'哎哎'地答应／打着滚　争着长个儿 " 这几句让读者感觉到,那地才是老人的战场,那地里的红苕就像老人的孩子,侍弄地里红苕时的老人是快乐的、幸福的。"但此刻　小巷很长／水泥地很硬／他被雨水按来低垂的目光／被阳光按来低垂",老人却无奈地来到别人的地盘上叫卖自己的孩子,所以,他才怯怯地,低着头在雨水中艰难地痛苦地挣扎。这首短诗中的艺术形象特征鲜明,人物形象饱满,给予读者很多想象空间。他的诗歌有较强的画面感和故事性,寥寥几句便勾勒出一幅画或是一段生活的场景。又如《两扇门》,"父母是两扇门／站在家的最前面",把父母比喻成门的还不多见,但父母确实是站在门外,目送子女离家的背影,踮着脚翘首期盼子女归家,"迎着儿女回来／然后把风霜和盗贼／挡在外面",父母的确是为子女遮风挡雨的那扇门,父母更是一本子女怎么也读不完读不懂的家书。在《超市偶见》里出现的不是明星大款和老情人,而是"一个黝黑的农民"一个脚穿断扣凉鞋的农民,他在超市的出现,就像森林里跑过去一条鱼,"和琳琅的商品格格不入／和商品一样琳琅的顾客／格格不入",他在超市"四处转悠／他像在麦田里瞅他弄丢的烟斗",最后,他终于找到了一包味精,一小包味精而不是一大包味精,收银小姐给予他的是白眼,他回敬收银小姐的是微笑,是"土豆一样憨厚的笑",一小袋包装的味精就是黝黑农民一年半载的"巴滋巴味",更是他"皱巴巴"的幸福!门、书、味精,这几个意象是我们身边最普通不过的东西,却被郑兴明赋予了丰富的内涵,引发了读者的共鸣,让读者调动丰富的想象力去思索作者表达的情感。

诗歌是精神产物,最能代表诗人的内心境界。尽管作者会用隐喻的语言、精心设计的意象,来营造、开掘和构建自己的诗歌王国,但是读者如果能读懂诗眼,投入到文字中,一定会摆脱迷雾一样的意境,触摸到诗歌的特质,抵达诗歌的内核,走进作者的内心深处,感受到涤荡灵魂的洗礼。郑兴明的作品,常常让我感受到他悲悯的内心和谦卑的力量,没有张扬与狂热的呐喊,只有内敛、自省的坚定内心。我认为这是源于他对日常生活经验的忠实体验和敏锐的观察力,因为细碎的生活情节总能激荡起内心的涌动和波澜。而他将生活中最普通、已经被世人看作"正常现象"的生活场面和细节引入诗作,使其更具诗意化和哲理化,更强调叙事抒情的客观性,使作品更具有凝重感和穿透现实的力度。我想,只有具有足够的谦卑和敬畏之心,能深刻领悟生活的真谛的诗人,才能写出如此打动人心的诗作。比如《绾柴》,只要是烧过柴火的人,就会绾柴,现在农村的土灶,仍是烧柴,我从记事起,就知道绾柴跟吃饭一样平常不过,但在郑兴明的眼里,绾柴是奶奶的人生,绾柴是无限的亲情,想起绾柴就想起了奶奶,诗人对奶奶的思恋之情跃然纸上。"奶奶坐在矮凳上/黄昏就矮了/满院子的油菜秆/在奶奶昏花的眼里/是蓬蓬松松/堆得比年龄还高的回忆",看来奶奶也是一个有故事的人,油菜的人生就是奶奶的人生,年轻时还没来得及享受生活和美好青春,便被"几阵风 几阵雨"催着成熟了、黄了、老了,培养了一地子孙，自己已经满头白发，奶奶绾的是柴，收拾整理的是自己的人生，最后"奶奶将柴码在阶沿上／暖暖地把家拥在怀里"。在这里，我不愿意用文学观点和让人捉摸不透的美学理论去解释这首融入诗学精神和人文精神的动人诗作，只愿意将我内心的感受和感动写出来，让读者更喜欢诗歌，更能感受到诗人提供给读者的更广阔的视觉空间和丰富的想象力。

　　诗歌的本质是抒情。诗歌所抒之情，要真，要深，要自然。《废弃的铁轨》中"这废弃的铁轨，多像／一副担架抬着一副担架，多像／无数担架抬着时光"，这里诗人对身边景物的感触，已经上升到了哲学的高度。更多的时候，郑兴明的诗歌是通过间接描写来塑造诗歌形象的，通过铺垫、衬托，借助想象、联想来塑造形象从而抒发自己的感情。他在《刀石》中写道，"当我钝了又锋利，锋利了又钝的时候／当我在锋利时其实很钝／钝时其实很锋利的时候／我才发现，母亲，是块刀石……一点点弯下去／矮下去的刀石／有一天，必然不见／必然被另一个喊不答应的石头代替……"读到这里，你会感到诗人对母亲的思恋对母爱的颂扬，他写了很多关于父母的诗歌作品，他一定是个孝子，只是现在无法尽孝了，剩下的只有对父母的追忆和思念，这些追忆和思念就变成了一行行诗歌。再看《我才知道》，"久病的老母亲端出半盆糯米／放在桌上。我说：'不能吃了哈，都开始烂了——'／母亲喃喃：'用来蒸醪糟的，生病，咋就放忘了呢……'／母亲背过身子。后来，我才知道／母亲背过身子是对着半盆糯米流泪。我才知道／流泪，是母亲在眼角开个缺／用泪水对她的庄稼作绝望的浇灌。我才知道／母亲拿不起农具——连枷不能在她手里翻飞／锄头不能在她手里跪着身子靠近杂草和土豆／她甚至没有力气走到田边……爱和疼都在母亲心头。我才知道、才知道……"透过生活的点点滴滴，母子真情自然流露，催人泪下。除了父母、奶奶，还有老婆孩子、四姐等等，他在《妻子里》写道，"妻子的口红放丢了／儿子的小袜子她能一下翻出／妻子少女时的梦忘了／钱包的胖瘦油盐的多少她惦着／妻子病了没病似的／儿子一病天塌似的"，这是多么准确生动的对比，描绘出一幅幅生动的图景呈现在读者面前，一个贤妻良母就站在你的面前了。叙事与情感的流露转换得如此自然，非常主观、执着，而又非常有诗意，描绘了栩栩如生的画面，读来如身临其境一般。

　　从郑兴明的诗歌中，能够看到他选择诗歌并坚守一种诗歌精神，这些坚守不仅需要敏锐的观察力和思考能力，更需要一种超脱和勇气，一种源自内心的对诗歌的喜欢和崇尚，对生活的热爱和对自然的敬畏。生活就是真相，艺术来源于生活，又高于生活。郑兴明把自己对人生的感受，对生活事件的感受，对情感世界抑或是对爱情的感受，通过一个个生活的细枝末节或者一个个日常生活的瞬间，用诗歌的语言表达出来，常常是平静舒缓的语气，无需刻意的象征和隐喻，当你摆脱文字的表象，深入内涵的时候，却能感受到作者的内在情感在暗流涌动。

　　期待着兴明更多精品力作面世。

在失去童心岁月里寻找童心

——读宋晓红《失去童心的岁月》

我出生在上个世纪七十年代。出生的时候,我们脚下这片土地上正在发生着一场史无前例的政治运动,在这场运动中,全国人民都是参与者与见证者。然而,因我那时太小了,并没有留下什么深刻印象,等我稍稍能记一点事时,这场运动已经宣告结束了。不过,泸州叙永宋晓红的一本《失去童心的岁月》瞬间就将我带回到那个动荡的年代。

两年前,参加"名家看四川·走进女皇故里"采风活动,陪同来自海峡对面宝岛台湾的著名作家、"伤痕文学"的开创者陈若曦女士参观皇泽寺、剑门关,对"伤痕文学"有了一定的了解,伤痕文学是专门描写在那场政治运动中那些受到冲击的个人与家庭的悲剧命运。宋晓红女士,作为那场运动的亲历者,那时她应该与小说中主人公年龄相仿,应该与主人公干着差不多的事情,她应该目睹或者听说甚至感受过运动带给人民的各种各样的"伤痕",她一定有对人民遭遇的深切同情,但她最终只选取了冰山一角,她把目光聚集到了一群十来岁的未成年人,一群学生娃娃,一群天真活泼的初中学生。在小说《失去童心的岁月》里,本应坐在教室里认认真真学习科学文化知识的孩子,却被卷进了那场红色暴风雨,在这场分不清东南西北的暴风雨中,注定了很多孩子会迷失方向:他们的双眼被蒙蔽,整个世界都变了模样,原本优秀的孩子却热衷于停课闹革命、搞批斗,他们幼稚单纯的心灵被伤害,人性被扭曲。

小主人公李虹,三江县南山中学初76级(2)班一个非常优秀的学生。"上午在开学典礼上给她们讲话的老校长,下午就成了走资派。""当老校长被人推着从李虹身边走过时,李虹简直不敢相信自己的眼睛",这一幕,对李虹来说印象太深了,对她后来的初中生活影响太大了。为了得到班主任柳云飞的肯定和表扬,坚持正义的李虹不怕苦不怕累,积极努力使自己按照柳老师的要求去做一个好学生好班长。她出生工人家庭,根正苗红,组织领导能力强,工作干劲大,奋斗目标明确,热情帮助同学,对坏分子疾恶如仇。在新生报到时,她主动承担起帮助新生报到工作,当遇见几个男生欺负一名女生时,她孤身一人,站了出来,大声吼道:"你们要干啥子,想欺负女同学吗?你们敢?!"她坚持"真理"敢于挑战父亲、老师的权威,与父亲吵架和老师顶嘴。在生理课课堂上及时制止调皮的同学钟涛的不良行为,课后想到的是怎么帮助钟涛,晚上约几个班干部到钟涛家去家访,做后进同学钟涛的思想转化工作。在特殊的时代，在特殊背景和特殊环境下，"又红又专"的李虹，想着柳老师的"没有大粪臭，哪来稻谷香"，在开门办学、停课闹革命中，她为自己挑粪时"捂住鼻子的行为感到羞愧"，当她身上沾了"不少粪水，却没有感觉到那么臭了，站在粪坑边上也不觉得脏了"。当她费劲地吃着苦涩粗糙难以下咽的"忆苦饭"，"脸上却洋溢着微笑"。甚至于为了向铁娘子学习，把自己锻炼成铁娘子，她在例假期间仍然不忌生冷泡在水里干着繁重的体力活。这时，她已经不再是一个普普通通的中学生了，她的童心真的找不到了。

在那场动荡中，全国各地无一幸免，宋晓红生活的叙永县也不例外。从城市到农村，"以阶级斗争为纲"，"只有堵住资本主义的路，才能迈开社会主义的步"等空洞的口号给农村和城市带来了深重的灾难，生产下降，大地荒芜。揭示这方面的作品不少，除了前面提到的陈若曦，还有很多作家作品，如韩少功的《月兰》、左建明的《阴影》。标志着这一阶段农村题材创作成就的首推周克芹的长篇小说《许茂和他的女儿们》，他在书中集中写了许茂和他女儿们的个人遭遇，由此折射出时代风云的变幻和历史前进的趋势。而宋晓红《失去童心的岁月》的切入视角则与他们不同，她是从一群十多岁的孩子的学习生活切入。小说中孩子们在以自私、贪婪和绝情绝义的柳云飞老师为首的一批人影响下一步步失去童心，最后被学校树为"开门办学的积极分子，反漫游的标兵"。而另一部分人，以正直、坚韧的陈久明老师为代表的，以及深受其影响的杨林和勤劳善良的李虹的父亲等，正在一步一步一点一点地坚守。他们坚持真理，他们相信总有一天会云开雾散，作者宋晓红在书中赋予了他们非常光荣而艰巨的任务就是人性复归、找回童心。

在杨林的眼里,"陈老师知识渊博,平时跟同学们打成一片,关心他们的学习和思想"。这是学生杨林的坚守。"陈老师知道杨林到南山中学来读书的背景,鼓励他出生不由己,重在自己的努力和表现"。这是陈老师的坚守。"陈老师在北京师范大学,曾经也热血沸腾过......"最终因父亲的历史问题,被列为"黑五类"分配到远离北京的大西南,在三江的两年多时间里,陈老师终于按照父亲的要求学会了思考和反思。他在教学中努力用自己的思想和方法去引导启发孩子们,他不断总结斗争方式方法,采取"曲线救国",为了不让学生们去参加繁重的体力劳动,于是让孩子们排练《长征组歌》。在忆苦思甜大会上,实事求是的李三公在发言的时候没有被他人左右,仍然说地主的好话。对于这件事,李虹的父亲也是一分为二客观公正地教育女儿:"不是每个地主都是坏人,很多老革命都是地主出生。有些还把家里的田土都贡献出来支持革命,难道不好吗?""四人帮"垮台后,政治形势发生了变化,冯校长、柳老师反省学习去了,李虹受到了莫大的打击,"陈久明说:'不是每个地主都是坏人。'看着李虹慢慢走进教室的背影,心想:必须想出好办法,对症下药地帮助李虹转变思想⋯⋯"后来,杨林跟着陈老师到李虹家做家访,杨林为李虹送去了《班主任》,为她做思想转化工作。宋晓红从头到尾,给陈久明安排的工作就是在失去童心的岁月里找回童心。陈久明最终没有辜负宋晓红的良苦用心,于是小说结尾处我们看到,"一切都朝着好的方面转变,工人可以好好生产了，农民可以好好种田了，学生们也可以好好读书了"。孩子们经过努力都考上了理想的大学继续深造，陈久明老师自己也如愿以偿考进了母校，当了他原来老师的研究生，学习哲学，研究世界。

此外，"不知道为什么，李虹对这个第一眼就有好感的男孩，有一种说不出来的情感。"演出《长征组歌》时，杨林"看着化妆后的李虹，由衷地赞美道：'李班长今天真叫人刮目相看，太美了！'""李虹听杨林夸奖自己，立即收回了有些失态的目光，羞涩地笑了笑，赶紧把脸转了过去，幸好化了妆，没人看出她的脸红。她刚才走神了，至今心口还在突突地乱跳，她承认自己对杨林有好感，可是让自己产生好感的不止他一个人，为什么面对杨林有异样的感觉呢？""杨林得到录取通知书，李虹既为他感到高兴，又有一种说不出来的惆怅。"这种纯纯的"山楂树之恋"，在小说里忽明忽暗，真实地反映了十来岁的青少年学生微妙的情感波动，起到了很好的点缀作用。

《失去童心的岁月》还有很多可圈可点之处，如小说中的张五爷、刘婆婆、唐大姐等人物也描写得有血有肉。上次在叙永见宋晓红时，听说今年她"深入生活、扎根人民"，正在准备写一部红色文化的报告文学，期待着她有更多好作品问世。

雪域鹰鸣听羌风

——评曾小平《雪，飘飞的诗行》

　　立秋后的第三天，一个很闷热的下午，省作协会员曾小平风尘仆仆来到我办公室，虽然认识不久，但我们已经一见如故了。看到曾小平，看到他的诗稿《雪，飘飞的诗行》时，我脑子里突然冒出了这么一句话："雪域鹰鸣听羌风"，也许是因为曾小平是羌族人？也许是因为他来自阿坝茂县？也许因为他是位诗人？也许……好像用白话怎么也说不清道不明那种意境，就像诗歌，就像曾小平的诗歌，有些东西只能用诗歌的语言来表达。

　　人活着，总是有所追求、有所爱好的。曾先生年龄不大，但诗龄已经很长了，现已成为一名著名的羌族诗人。二十多年的诗歌创作积累对于他来说，已经不仅仅是单纯的爱好了，而是一种终生的艺术追求，变成了他承载生命、放飞梦想的一种形式，成为他一路歌唱的生命本身。于是，他的作品像雨后春笋般涌现，在他先后出版诗集《梦的花瓶》和《漂浮在雪域的灵感》后，又一本力作《雪，飘飞的诗行》即将破壳问世。该诗集共分《雪域诗笺》《岷江激流》《青春的风铃》和《行走的风景》四个小辑，收录了诗人近些年的诗作一百余篇。这些作品中既有对友谊、亲情与爱情的憧憬，也有对雪域高原脚下土地的讴歌，更有对人生旅途行走的沉思。既有梦呓般低喃，也有海啸般咆哮；既有骚动的青春，也有忧郁的成熟；既有灾难的痛苦，更有重生的希望……他的一句句诗，让我们看到了展翅高飞的雄鹰划破苍穹，蓝天白云阳光灿烂，雄伟的碉楼高耸云端，羌笛声声羌红飘飞，羌山青翠羌水瓦蓝羌风悠扬，一个古老的民族正向读者走来。

　　我为什么要写诗？曾小平一次次问自己问苍茫大地，洁白的贡嘎神山说：写诗是为了绘制生命的轨迹，用诗歌完成自己并完善自我，用诗歌来寻找生命之根！曾小平终于找到了诗歌创作的真谛，于是他从自己熟悉的人或事开始，汲取着生命的点点滴滴和生活的浪花朵朵，抒发自己的生命和情感体验，如他在《坐在湖边的女人》中写到松坪沟长满羊肚菌与蕨苔的白桦林、海子边随风摇曳的芦苇、圣洁的雪山，这些无一不是诗人所熟悉的雪域高原生活环境，当然这首诗前面的若干亮瞎你眼的大美世界只是为了梦中的长发女人作铺垫。《其实，人生就是一只候鸟》充分显示了诗人对生活的感悟，"生活，就是永远在舌尖行走／攀行在高处／我们如站在电线上的麻雀／总感如履薄冰／下到谷底，望着一线天的风景／我们不甘心做井底之蛙……最终，我们依然是树上的鸟群／一声枪响就一只不剩地逃离现场／是的，我们所有的选择只是围城内外的挣扎／永远在舌尖体味酸甜苦辣／在寒暑中做一只频繁迁徙的候鸟／冬天到南方去／夏天又飞回北方"。他在《这人世，到处都是我忽略的事物》中写道："走在人世间／我只顾在暗夜里擦亮自己的火柴／只顾舔吻自己透明的忧伤／我忽略了穿过身旁的阳光／飘在秋风中的落叶／让花朵在顾影自怜中兀自开放／熟悉这一把利刃将周围的温暖剔得干干净净／这人世啊，到处都是我忽略的事物……"诗人以物照心、以境达意，字字句句可见其对人生的思考和对生活的大悟。又如他在《有一只鹰飞行在生命的天空》写道，"岁月之河荡涤一切／看，冬季正用风的手剥去树的裙裳／生命的河床渐次走向凋零……而此时　在我们胸中／有一只鹰倔强飞行于生命的天空／我看不清她的模样／但她昂着海燕穿越大海苍茫的勇毅／她衔着云雀高翔的志向／这只鹰如闪电如飓风／越过春秋冬夏／走过沧海桑田／山峰耸峙不改初衷／风霜雨雪不变方向"。诗言志，诗人以火山喷发般的激情，直抒胸臆，既喊出了自己的人生态度，也标示出诗人对诗歌的永恒追求。

羌族被誉为"云朵上的民族"，是我国最古老的民族之一，主要聚居地在四川阿坝藏族羌族自治州的茂县、汶川、理县和绵阳的北川、平武。今天的羌族正是古代羌支中保留羌族族称以及部分传统文化的一支，曾小平就是其中的一员。他的诗歌没有太多的技巧运用和卖弄，语言朴实无华，却蕴含深邃的哲理，具有鲜明的个人风格。他看到什么想到什么就写什么，一把吉他一匹马、一朵雪花一座城、一个牛奶盒一个梦、一只手表一个风筝、一次旅行一场雨、一次邂逅一个人……

抑或是一个女孩的手势，都可以进入诗人的视野。他以小见大，以小我反映大我，他用简单平实的语言自然地抒写，流露出的是无限的真情和实感，诗人的喜怒哀乐跃然纸上。如《打开天空》中"一把花一般盛开的天堂伞／一幅江南水乡画一般恬静／在写满诗意的小巷内／我流云一般在找寻什么？／鸟的飞翔是一个意象／鱼的游动是一个演绎／可天空沉郁无风／海洋兀自絮叨／鸟望着笼子鱼望着掌心／我的心是灌满风的海滩／苍天，请赐给我激情的瀑布吧／打开天空／让鸟儿向着远方飞翔吧／敞开大海／让鱼在辽阔的蔚蓝里尽情舞蹈吧／让诗走出书本／让梦走出画布／让天堂伞回到少女手中／让一切该来的都来吧"。这是一首优美、深沉豪放的抒情诗。诗人把天空比作一把伞，一把"花一般盛开的天堂伞"，然而鸟的飞翔和鱼的游动只不过是一个意象和一个演绎，诗人要的却是"打开天空"，给鸟和鱼儿比大海和天空更广阔的自由，这是何等博大的胸襟！汶川大地震中，羌族文化遭遇了重大的打击，"抢救羌族文化"迫在眉睫，羌人曾小平用自己的实际行动走在了前列，他用诗歌大声疾呼。他在《开放在汶川岩壁上的花束》中写道，"汶川，被高山峡谷命名的地域／注定我们整日在群山中穿行／眼前的山走过沧海桑田／在经历过山崩地裂的惊险过后／在失去植被的群山面容／在风雨剥蚀的岩壁之上／一些野百合花一朵、两朵、一丛丛／开放于岩石的缝隙／神奇站立于没有草丛与土壤的地域／开放在汶川岩壁上的花啊……／你是今生我见过的最有生命力的花／如此令人仰视／堪与行走在那高高山巅的云朵媲美"。诗人借用崖壁上的野百合来歌颂自强不息的汶川人，诗人带着有情之眼去观察景物，以有情之笔去描写景物，使感情附着于景物，景物浸染上感情，景生情，情生景，情景交融，浑然一体。

爱情是诗歌永恒的主题，我还没有看到一位不涉及爱情、不写情诗的诗人，曾小平也不例外。曾小平是一个浪漫的感情充沛的唯美诗人，不管是他《在山谷，我等待一场艳遇》，还是《致某某》，或者大理苍山之麓洱海岸边的小吕，或者广元大街上少女的一个手势，都能挑动诗人内心最柔软的部分。他的诗歌以新奇瑰丽的意象、恰当贴切的比喻表达了诗人心中理想的爱情观。尽管诗歌采用了新奇的意象，但诗的语言并非难懂晦涩，而是具有口语化的特征，新奇中带着一种清新的灵气和微妙的暗示，给人以无限的遐想空间。

更多的解读还是留给广大的读者吧！

天边飘来一朵云

——评李云散文集《心中有花》

每次我们省作协在巴金文学院举办作家培训班,龙泉驿区文联、区作协都利用近水楼台之便,组织本土作家来旁听,其中有龙泉驿区文联干部、区作协副主席李云,她既是作者又是文艺工作组织者。李云,笔名紫云,省作协会员,出版有《宽爱》《桃花正红》等个人作品集,长期从事小说、诗歌和散文创作,散文集《心中有花》是其最新一部。全书共分"身边风景""旖旎社会""幸福人生""生命感悟"四部分以及其他文朋诗友为其写的《书评》,共收录112篇文章。

散文与小说、诗歌一样,是一种常见的文学体裁。由于它取材广泛,艺术表现形式丰富多样,所以让人陶醉、让人喜爱。李云的散文就是这样。她的散文很休闲,内容海阔天空无所不及,多取材于生活中的浪花朵朵,没有大是大非,讲述的不过是些身边琐碎或一枝一叶,读起来亲切自然,犹如面对面叨叨絮语清茶一杯,这就是李云散文的独特风格。

梁实秋在《论散文》里曾说:有上帝开天辟地的创造,又有《圣经》那样庄严简练的文字,所以我们才有空前绝后的"圣经文学"。圣经文学,是否"空前绝后",姑且不论,但既有高超的思想、又有优秀的文体,两者完美结合,才有脍炙人口的散文佳作,这确是至理。

诚然,每位作家的散文,都有自己的文体美,李云也不例外。一篇散文,总是力求把一件事物、一种感受的最精彩的部分写出来,最忌材料的庞杂、冗漫。尽管有时旁征博引,说古论今,但其材料也是经过了精心剪裁取舍的。在李云这本《心中有花》里,她的文章大多数都属于短小精悍的千字文,有的只有寥寥三五百字,如《客家新娘开脸》仅三百字,就是这短短三百字,给我们讲清楚了客家人的一种嫁娶风俗:一边唱四言八句,一边开脸,开脸娘一边用双手的食指和拇指捻动红丝线绞去新娘面部汗毛,一边送上祝福,生动形象,跃然纸上。在四川不只是客家人出嫁时要开脸,很多地方汉人出嫁时也是要开脸的,我清楚地记得我的姐姐出嫁时就专门有开脸这个环节,不过那时我还很小,大概上小学,转眼离开农村已经二十多年了,不知道如今老家农村还保留这种习俗没有。你看,李云的三百字勾起我多少回忆?所以,好的作品,总是能引起读者的共鸣。又如她的《盖碗茶》《火锅》《脸谱》《鸳鸯枕》等,看似不经意地随手拈来,实则是细心观察生活用心感悟生活所取得的成果。有的人到处去旅游寻找名胜古迹,坐着飞机花着巨款越洋过海,殊不知错过了多少身边的好风景；有的人天天做梦想当大作家，千方百计地到处寻找大题材重点题材，殊不知错过了身边多少好题材。散文描述的内容也应该是从细小处着眼，从细微处着手。所以，仅从形式上着眼，散文的精悍同文体的精悍是合二而一的。反正，我个人是不赞同不提倡动不动就整几万字的所谓大散文的。

其次是语言的精确。散文的语言既要简练，又要畅达，简练与畅达统一的基础就是准确。没有语言的精确，状一物，写一事，费辞甚多，尚不能达情尽意，又何谈文体的精悍？李云的文体，是众所公认的短小精悍、干净利落的。显然这是同她语言上的精确、简练分不开的。例如她在《街头小景》中，大量采用短句和简短的对话，以小说的手法勾勒出小城东南西北四处素描：城东，为了共同避雨，一个男人叫一个陌生的女人站到了自己的脚上；城西，上演了一场雨中的爱恨别离；城南，一男将一女手臂举过头顶交叉定格在墙上；城北，仅用了24个字，则仿佛一首诗，给读者留下了大量的想象空间：

城北。

什么故事，不可以发生？

什么风景，没有？

街头。

人群。

和眼睛。

当然，一篇文章除了留有空间让读者去想象，更要告诉读者你要表达什么，提倡什么，宣扬什么。所以，散文要求表意要透彻。透彻，这是更深刻的精确。散文的状物写景，表情达意，不只要求一般的清晰、准确，而且还总是力求做到非常的强劲、透彻。所写的内容，不光使人一目了然，而且还要有"力透七札"之感。这种透彻，也就是老舍说的"一针见血"地把事物写出来的功夫。读透彻的描写，会使人感到有着"剥去一层"的明晰。古人云："剥去一层，方有至理可言"，犹如"凿开顽璞，方始见玉"。散文家的文字，不论是抒情、描写或议论，都应当有这种开璞见玉的透彻。李云在她的《黑和他的三轮车》中，花了大量的功夫讲述黑的来历，黑的工作和黑的生活，尤其是他一天十多个小时踩着三轮车拉人的动作和精神面貌。黑很热爱生活，他把自己唯一（很可能是租来）的挣钱工具三轮车，"装扮得很有风情"，"浅紫色料子被缝制出带荷叶边的篷布，罩在架子上"，改善了人们的乘车环境，"人坐在车里那一方空间里，被淡得看不见的紫光包裹着是一种享受哩"。"黑是一个爽快人"，尽管生意很好，但是"他并不贪，载着人逛遍小镇的街头巷尾，也只收一元"。有时乘客的零钱不够，他也不要，他说："算了，不够就不够吧"，很是豁达。黑很累，但他始终在坚持，"到了黄昏，黑的腿开始沉重，继而酸痛。他使劲蹬车，车轮还是滚动缓慢"，于是他对客人撒谎"轮胎蔫气了，我该加气了"……黑为什么要这么卖命？因为他有目标，他为了改变生活，改变命运，为了爱情，为了他的梅。于是，天一亮黑就又出了门。一个励志青年就活脱脱浮现在了读者面前。我不知道会不会有那么一天，在龙泉驿的大街上真能见到这么一个人，但理智告诉我，黑是见不到的，但生活中很多个黑这样的励志青年是存在的。

　　散文文体应当是清新的，美好的文体给予读者的感觉，总是十分清新的。就像郑振铎先生所描述的那样：譬若清新的朝曙，皎洁的夜月，翠绿的森林，澄明的碧湖，今天看他是如此的可爱，明天看他也是如此的可爱，今年看他是如此的美丽，明年乃至无数年之后看他，也固是如此的美丽……那些散文名家的文体，之所以"可爱"，甚至有不少人争相模仿，其原因就在于它是"清新"的，不仅在语言文字上务去陈词滥调，而且在构思上、结构上、描写手法上，都要有自己的创新。李云的《生命元素》里，扑面而来的是阳光、空气、水、植物和动物。在她的《心中有花》里，兔子们通过叠罗汉的方式，终于亲到了长颈鹿，这是一个多么美妙浪漫的画面啊！"成都的三月四月五月，夜雨密集。雨，不是沙沙地洗树叶，就是嘭嘭地敲窗棂，带来清凉、舒爽和好听的声响。"这样的夜晚，"掌一盏灯、烹一壶茶、裹一张袍、捧一本书。雨，下不完；书，读不完；雨下多久；书读多久……"清新的文体，常使人耳目为之一新，精神为之一爽，具有引人入胜的魅力和长久的生命力。在李云的眼里，"太阳是开在白昼空中的花，普照人间，温暖人心；月亮是黑夜里开在天空的花，温情脉脉，慰藉人心"。这是一个多么善良的女作家。难怪凸凹先生说：李云一路走来，悠悠闲闲，天高云淡，只让那爱随心走，走哪算哪，无牵无挂，无羁无绊，李云心中开放的花是一朵什么花：是阳光、理想、情怀……用李云自己的话讲："人生路，说长也短，说短也长。放松心情，也走边看，且歌且舞，优哉游哉。慢慢走，细细品，轻轻笑。"这既是她的作文态度，也是她的做人态度，从她的文字上就可以看出她对生命与生活的理解和感悟，这才是生活的本真！

  天边飘来一朵云，花儿一样的云，幸福指数很高的云——李云。

静赏松风调　英雄怕年少

——评许淳彦诗集《雨入聆潋阁》

朋友谭女士送给我一本书《雨入聆潋阁》,说是她上高中的儿子许淳彦的新诗集,装帧古朴典雅,甚是大方得体,不像是本中学生娃娃的作品。谭女士走后,我迫不及待地翻了一下,还真不像出自一个十几岁少年之手,很多作品思想性艺术性都比较强,倍感欣慰,谁说四川文学后继无人?我们一代一代的文学之苗正在茁壮成长,一颗颗文学之星正在冉冉升起!

许淳彦同学自小痴迷于中国传统国学、近代美学和诗词歌赋,渴望在梦中与上古先贤煮酒论道,与才子佳人对句吟诗;无缘于闹市喧音,喜静赏松风调,奏舒缓空灵的七弦琴和之,一唱三叹;衷恬淡无我之茶道,常静心品茗,内省修身,道法自然;爱馨悦沁心的香道,萦青烟一缕,悠然知性,淡开鸿蒙……好一个志存高远的超凡脱俗少年!其实,诗言志,许淳彦同学在《大地》中写道，"无垠的展望／每一个角落都布满史诗／巍巍天涯，沉沉海角／都是你的求索和自我认知／孕育生命的温床／耕耘未来的沃土／你的包容／让希望飞跃远古／驮来稻谷、水果和蔬菜的芳香／路漫漫其修远兮／从始到终／你进行着一场理性的收割／向干枯的真理／饱满的热爱／本真的善良／／你跨过沟壑／跃过激流／熬过风霜／你的阅历／正如你的名字一样／漫长跌宕／古朴沧桑"。又如其《草原》中写道，"一岁一枯荣／磅礴的草原间接诠释着人世间的生灭／每一株草春生秋谢／毫无悔恨地自耕其位／自尽其责……正如原野的麦稻／不曾远离流水与沃土，正如山花的怒放／不曾远离青山的养育与教导……我愿做一株羸弱的草／为来年早春／贡献自己／微不足道的气力"。他在《道路》里抒情，"像河流／却比河流更勇敢／奔腾，不只向着低处／生命的波涛／也敢冲向高山……生命，穿透漫长的隧洞／洒下一路响亮的呐喊……"读来大气解渴，哪里像是一个十二三岁没有什么思想的娃娃写的？

　　诗歌与散文、小说一样，都只是某种艺术形式的一种称呼或表现手法。一首诗歌是不是一首好诗歌，不是一个问题。我们看待和欣赏诗歌的角度不同，或者说是理解诗歌的能力和知识层次不同，也会造成对诗歌错误的评判。就像花的种类，五颜六色，品种繁多，你不能因为喜欢红花，就认为白花不好。你不能因为喜欢春天开的迎春花，就片面地认为冬天开的蜡梅花不好。其实，所谓好诗歌的标准在很大的程度上是因人而异的，如果你觉得漂亮的人应该有一个圆脸蛋，那是你的标准，也许其他某些人觉得椭圆形的还更漂亮。我认为什么是好的诗歌呢，必须在诗歌作为文本呈现之后，由读者去感知。许淳彦同学的诗是朴素无华的，是一个青春少年对生活对人生对世界的客观感知，正如淳彦同学所说：用诗词虔诚记录岁月人生和自然万物。所以在他的有限的人生阅历中，他努力地去观察去发现去感知，并用文字把心中的美好以诗的语言诗的方式进行记录，没有什么技巧和手段，有感而发直抒胸臆，这才恰恰是真正的诗歌。所以，在他的笔下，有人如《跋涉者》《背景》《明妃》等，有景如《沧海》《草原》《高山》《天湖》等，有物如《雕像》《灯芯草》《带一盏小橘灯》等，有思考如《晨思》《留白》《生命》等，有青涩的相思与爱情如《曼陀罗与玉兰花》《望月》《相思赋》等，还有同窗情谊的《我们——初中毕业之际赠全班》等，更有抒发一腔爱国激情的《我归属于你，祖国母亲》等等。你看他取材多么广泛，见到什么写什么，想到什么写什么，完全是有感而发，自然天成。

淳彦在《〈雷雨〉批注》中写道，"一个残忍狠毒，一个悲惨刚强，丝丝缕缕三代伦常爱恨情仇鞭笞人性丑恶，笞此黑暗腐朽家族；//有的屈辱崩溃，有的家破人亡，浩浩荡荡一世纠葛生死恩怨掀起雷雨万丈，好个封建乱象社会"。说明他书读得多，读得认真，边读边思考。小小年纪，他的诗能让人读出他的思想。如《海的高度》让人读到的是大海博大的胸襟，"海的胸襟宽／使它与天相连与天等高／胸襟／一种高度／一种抵达天空的高度"。又如《因为懂得，所以慈悲——悼张爱玲》中写道，"佛说，万物／俱有因果"。再如其《安魂曲》里对生命的感悟，"每个人的生命都是孤岛／连向瀚海／迎向碧波……直到地老天荒"。

淳彦同学不光写新诗，他还研究律诗，还能填词，他的《江城子——旧院怀殇》："故知重逢亦彷徨，生怔忪，奈断肠……孤雁南飞，悲鸣催叶黄。秉烛潸然风里唱，残月缺，夜茫茫。"这词填得多好，"悲鸣催叶黄"堪比"人比黄花瘦"，短短五个字，语言高度凝练，形象地表达出了作者丰富的思想感情，节奏韵律也很好，让人过目不忘，一下就能记住。他的《临江仙》："一碗一瓢自足，一书一画安详，一人一如与世相忘。一樽成醉卧，一梦又斜阳。// 一颗灵心犹在，一副模样颓唐，一诗写就喜而狂。一生随云数，一笑又何妨。"这词填得情感真挚，有浓厚的生活气息，格调清新活泼自由，节奏明快，语言朴实流畅，蕴含了浓郁的诗歌意象。

希望淳彦同学继续保持，好好学习天天向上，有所察，有所悟，有所思，百尺竿头更进一步。

借用他自己的一句诗结尾：面向东方，晨光来临。

李桅诗歌的心路历程

——评李桅诗集《贡嘎雪飘》

李桅，字樯，号二木夫子、蔷薇轩主、梓水先生。祖籍长安泾水之阳，生长于东川观音场下。习找铀金四年，游学于甘蒙京冀豫陕等地。投笔楼兰十五载，负笈西京、首都数次。卸甲后就职于省府某部门，获MPA学位于西子湖畔，遍行江南。汶川地震后，先后驰援重灾区青衣羌和牦牛国及康巴四年有余。参编文集《地火奔腾——中国地下核试验纪实》，主编诗集《永远的罗布泊》，著有散文集《我与天山相对笑》、诗文集《盆边行走》《回龙山下》、诗集《走在博斯腾卓尔左岸》等。

李桅先生从中学时即开始创作、发表作品，早年从军西域时就加入了新疆作协。现在身在政府部门工作，心却在水墨点滴之中，文学道路上很是勤奋。这些年来笔耕不辍，兼济书、画全面发展。其诗集《贡嘎雪飘》主要以诗歌的形式记录了他从遥远的边疆转业到地方数年来的心路历程。全书分"清风雅雨""康巴行咏""江南写忆""西川散记""楼兰还蜀"五个版块,旧体诗歌近180首,并配有个人书法和绘画插图若干,增强了诗集的艺术性,也进一步展示了其才子风范。

自上世纪八十年代以来,中国诗坛出现过许多思潮,也出现过自认或公认的流派诗歌群体,如"朦胧派诗群""新现实主义诗群""非非主义诗群""莽汉主义诗群""圆明园诗群""神性写作诗群""新乡土诗派诗群""第三条道路写作诗群""下半身诗群"等等,但这些主要是指新诗创作。李桅先生来自科学最前沿的核试验基地,转业后工作单位的性质又是舞动全省的经济指挥棒,但是,他却沉浸于旧学之中,整的是格律诗。在老干体盛行的时代,他一个年富力强的中年人热衷于旧体诗,说明他走的路是与众不同的。作为战友加文友,我觉得他的诗是非常值得研究的。

我认为旧诗之美,美就美在其形其韵兼顾情感表达。李桅在《赴雅州》里写道,"忍抛学业别临安,飞赴故乡抗灾情"。记录了他在汶川地震后,放弃学业,急急忙忙飞赴家乡参加抗震救灾的情形,一颗赤子之心,显露于纸上。接着便是"昼夜忙碌不得闲,整日奔波成德绵",反映了他后来被单位派往雅安、石棉参加当地灾后重建,立志"大渡河畔把身献"的情况。此诗雄浑刚健,充满了书生意气,描述了作者危难关头毅然决然地抛下学业,投奔抗震救灾第一线,全身心投入到重建美丽新四川的工作实践中。读来朗朗上口,诗人慷慨激昂的豪情斗志与报效祖国和人民的情感表达真挚可见。其间,当得知一退伍军人、优秀共产党员王秋明牺牲在灾后重建一线的事迹后,诗人挥毫写下五言绝句《颂王秋明同志》,在灾区广为传诵。

2009年,"5.12"汶川地震过去快一年了,李桅连续写下了几首诗,以回顾下派历程,不免感叹人生苦短。在《2009年3月15日志》里,首句"五月十二天降难,奉旨转战沫水边"交代了背景和赴雅下派原因,一个"天降难"是自然原因,一个"奉旨"是组织意图,"转战"二字,则是从自身出发,首先是一名战将,李桅先生曾征战新疆沙漠戈壁中的马兰基地十五载,出身行伍,官至上校正团,此次"奉旨"急赴雅安任市经委副主任、石棉县委常委、副县长,是到一线与地震灾害战斗,故"转战"准确到位。从后面的"战天斗地雅雨中"可以看出,这一年是实实在在地在与天斗与地斗与雨斗与大自然斗争!既说明了石棉抗震救灾的生活和工作环境的艰苦,更说明了一年来的艰辛工作,"战天斗地"四个字就是其工作性质和内容的真实写照。

最后四句,"人生不惑四十年,水月镜花终虚幻;百事缤纷心难定,苦海无岸渡枉然!"既有对人生的感叹,也有对世事的无奈。我曾与李桅先生一样有过下派的经历,那种身份和工作环境着实有些尴尬,很多时候是心有余而力不足。短短一年时间的磨砺,李县长身上已经看不到多少一年前的豪情壮语了。在接下来的《2009年3月16日志》中,这种壮志未酬英雄末路的无奈更进一步体现,什么"太虚如梦"啦,什么"虚掷光阴"啦,让人读到的更多的是低沉与郁闷。尤其是在挂职结束时写的《"5.12"地震灾后重建挂职期满》里,这是李桅对一年半的挂职总结。"一年半觉青衣梦",说这一年半时间就像做了一个梦,一是时间快,二是梦即是空想,言外之意一年半中好像没干成什么事,不过是做了个梦而已。"壮志都付沫水中",更是说自己的万千豪情壮志像一块石头丢进了沫水河中,付之东流了。接下来,后面两句"贡嘎神山朝觐归,茶马道上风雨送!"写的是仔细总结下派成果,那就算是来朝觐贡嘎神山了吧,就算是对茶马古道进行了一次长时间的采风吧。再见了,贡嘎神山!再见了,历经千年风雨的茶马古道!李桅啊李桅,你到底还是一介意气书生!

  还是这个李桅,从大渡河边的石棉县回成都屁股还没坐热,又"奉旨"进入康巴藏区下派挂职甘孜州工业局任副局长。他在其《双调·小令·天香引·回西康》中写到:"回西康,一路踉跄!荒草满冈!枯树满冈!翻二郎,两眼迷茫!/山也凄凉!水也凄凉!/过雅州,春风里,细雨中,油菜花黄!/越沫水,乌云下,雪山顶,雷电激荡!/江湖险象,人心惶惶!/今日西康,一枕黄粱!"二郎山是雅安与甘孜的分界山,可称为标准的阴阳山,一山两世界!常常是山这边细雨绵绵,而山那边艳阳高照!诗人李桅有感而发,因为有着上一次石棉县的下派经历,李桅对这一次的下派既充满了期待,同时内心也似乎还有些西康挂职时的幻灭感。于是,诗人潜意识地通过二郎山两边的不同风景对照,期待两次下派的不同结果与收获!当然,写景不是目的,目的是为了铺垫后面的"江湖险象,人心惶惶!"在后来的《中吕·山坡羊·寒春游木格措》中,李诗人在对木格措风景一番赞美后,对于官场得失际遇及作为一介书生上不能尽忠祖国下不能尽孝父母的心情,使他最终站到了佛的高度。他面对康巴的雪山,感叹道:"来,也无所谓！去，也无所谓！"其实，无须多言收获。就像我在金口河下派收获了《大瓦山》一样，先生的诗词集子《贡嘎雪飘》、诗文集《盆边行走》《回龙山下》不就是最大的收获么？

李桅先生的诗词，还有许多是朋友往来、读书心得及影视评注，以及众多游走足迹和儿女情长，其中不乏对自然山水、对先烈贤达的热爱之情，更有许多诗篇传递了民族团结的正能量。如《西康九龙河边偶得》中写道："九龙腾飞贡嘎巅，伍须海比九寨齐！至此风光无限好，彝藏汉亲长相依！"其中，既有对九龙风光的赞叹，亦有其自然流露出来的对彝藏同胞的真情。

通读李桅先生诗词，大多取材不拘一格，内容多与生产生活相关，作品思想深刻，情感真挚，即使是为酬谢和赠答之作也抒发了真挚的革命情怀，彰显了社会与人生的复杂性。靠着文人的责任感和担当，李桅的创作激情不断，其独立精神和人格品质已逐渐被越来越多的人所认识。

生命不息，创作不止！

一个铁道兵的诗意人生

——评张平安《诗情画意山水间》

我曾经在四川省乐山市金口河区挂职锻炼,在雄伟壮观的金口大峡谷内,滔滔奔腾的大渡河岸边,有一座占地60余亩、全国首个反映铁道兵工作生活的主题博物馆——铁道兵博物馆。博物馆大门上,是吕正操亲笔题写的馆名,馆后的青山上,矗立着全国铁道兵联谊会捐建、原铁道兵政委宋维栻和原铁道兵参谋长龙桂林分别为"成昆铁路建设纪念碑"题写的碑名和撰写的碑文。繁忙的成昆线便从博物馆脚下穿过,我那时常常趴在栏杆上俯看呼啸而过的列车,静静地回想修建成昆线时铁道兵们的种种艰辛和伟大创举……

作为一名老兵,总是有着说不完的军旅情节。最近手边的一本书《诗情画意山水间》,又让我与一位老铁道兵扯上了关系。作者张平安,笔名南子,四川邛崃人,1980年入伍参加铁道兵，1984年就地集体转工，成了中国铁建大桥工程局集团一名铁路建设工人，长期坚守着"逢山凿路，遇水架桥，铁道兵前无险阻；风餐露宿，沐雨栉风，铁道兵前无困难"的铁道兵精神，一辈子与桥梁、隧洞较上了劲。因为经常在野外作业，他更痴情于祖国的大好河山，业余时间背起相机搞摄影，坐下来就搞创作，走到哪儿摄到哪儿写到哪儿，见到什么拍什么，想到什么写什么，从1986年开始从事诗歌、散文、小说、报告文学创作，三十年坚守三十年积淀，先后出版了诗歌集《路在脚下伸延》《祖国颂》《纸上岁月》《一路走来一路歌》和散文集《无愧人生》，以及诗论集《诗歌创作随谈录》，从创作时间和作品数量来看，算得上是一位名副其实的老诗人了。其新作《诗情画意山水间》集诗文、格言、摄影于一体，分"诗情画意""岁月底片""生命之歌"和"人生格言"四辑。作品贴近生活，大多是作者近年来工作和生活的真实写照，作者在现实创作中深入生活，扎根人民，不辱作家使命，敢于担当，敢为基层广大人民群众代言，讴歌时代主旋律，弘扬人间真善美！

　　铁道兵精神的核心内涵是"艰苦奋斗、志在四方"，这与我们当前所倡导的解放思想、开拓创新、与时俱进是相统一的，正是这种精神的力量，"脱下军装依然是个兵"，告别军旗仍然是一支劲旅，薪火传承，军魂永铸。所以，铁道兵精神既是一种概念、一种内涵、一种财富，更是一种力量、一种追求、一种资源。正是在铁道兵精神的鼓舞、激励和鞭策下，张平安始终坚持以一个兵的标准来要求自己，服从组织安排，听从祖国召唤，只要铁路架到哪里，他的脚步就走到哪里，他的镜头就对准哪里，他的笔下就要写到哪里。因为对工作的爱，对人民的爱和对祖国的爱，祖国的山山水水、一草一木，在他眼里都是美丽无比的，都是值得赞美的。他在《人生乐在山水间》一文中写道，"我们这一群人，是属于大山的。'逢山凿路，遇水架桥'也非我们这些名副其实的筑路人莫属。命中注定，没有怨言，也不悔恨。有道是，我们离开了这座山又到那座山，架起了一座桥又一座桥，与山结缘，与水交融，苍莽大地，情注山水间……我们在每日里扛上风枪、电钻去叩大山的门，和风雨交谈，与江水同乐，接受大自然和地质灾害的考验。我们知道每一座山包，每一处山湾都有我们写下的诗篇。大山是一座自造的图书馆，我们不怕困苦和艰难，我们用勤劳的智慧去攻读它。累了，在山石上歇息，山风做扇，百鸟歌唱。疲倦了，就靠在大山的臂弯里，伴着流水叮咚进入梦乡……"这充分显示出了一个革命乐观主义者，对工作、对生活和对革命事业的无比热爱。他赞美兰渝铁路的白龙江，是因为铁路建设者们在白龙江上架起了69米高、636.86米长的白龙江大桥，他在《白龙江和白龙江大桥》里写道，"白龙江和白龙江大桥／是前世的姻缘／注定要在兰州和重庆之间／选择一个节点／结为永恒"。诗歌的境界来源于外在的景物，以写景到达显境、示境和现境，这是通常的写法。以物观人，以物照心，只有写真景物、真感情者，才能写出诗歌的境界来。张平安在《春满枝丫》里写到的是满满的正能量："每个人的春天都长着生命的枝丫／在春天盈盈的泥土上生根发芽，开花，结果／我们梦想着，幻想着，从春天出发／一直走向秋冬……春风秋雨的过处／被生命之花朵埋藏的土地，会一样的美丽／向季节,向远方／在春天盈盈的泥土上绽放不竭……"读完此诗,恩恩爱爱的小夫妻天各一方的思恋和爱情美好又忽然涌现,同时,更增加了对万万千千的筑路人的理解和崇敬。

霍俊明先生曾说过:"把一首诗写得像'好诗',并不困难。把一首诗写得有时代生存和生命的活力,才具有真正的难度。"前些天,甘肃省的一个母亲,因为无法忍受贫穷,居然毒死了自己的四个孩子,她自己和丈夫也先后自杀了,这个消息令人扼腕痛惜。同样是在甘肃,早在6年前,张平安和他的工友们在兰渝铁路陇南段施工时,为了帮助当地人民早日脱贫致富,不分昼夜地建设兰渝铁路,无私奉献。他的《期盼》毫无疑问是在灵感的突发中而创作的,当他按下相机快门捕捉老妈妈远眺破损的上垵桥背影的那一刹那,这首诗估计已经在他心中自然完成了,"这位老妈妈／做梦都想／有辆车／把她载到山外／去看一个崭新的世界……终于／隧道打通了／她看见了山洞里的光亮／看见了一条银色的纽带／看见了／她要走出去的曙光……"

很显然,张平安平时很注意观察生活,身边的点点滴滴都可以进入他的诗歌,如一朵处女花、一座设计造型非同一般的握臂桥、一只慢吞吞爬行的蜗牛,更有出工前在工地职工宿舍告别老婆孩子的镜头。《出工前》写道,"宝贝,爸爸就要出工了／你还睡眼蒙眬／让爸爸吻吻你的小脸蛋／把乳香带进工地／宝贝,你这个小淘气／不要吵,不要闹／让妈妈伴你快乐长大／接过爸爸的安全帽……"照片抢拍得好,诗也写得好,相互佐证,相得益彰,尤其是"接过爸爸的安全帽……"这句结尾,直接升华,令人感叹!正是我们一代一代的筑路人前赴后继的牺牲和奉献，才有我们今天四通八达快速便捷的公路铁路交通。

爱，似乎是一个诗歌的永恒的主题，我们在反复地书写，无论好坏，都是发自内心。如果说张平安对祖国人民和大好河山的讴歌是一种大爱，那他对父母亲人的深情便是小爱，这两种爱也是相互依存相互交织的。《盼亲归》《家有老妈》《母亲》《清明》《清明节，我在他乡祭奠母亲》等表达了对亲人的真切怀念。他在《小雨老师，你走好！》中诉说了对老师的依依惜别之情："……在这最后一分钟／我看到了一枝鼓鼓的花蕾在温情中绽放／看到了一个熟悉的身影在诗路花雨中／缓缓走向人民……"读此诗，对如此动情而真实的表达，让我不禁感慨良多，诗言有尽，而意无穷。因为张平安爱得真切，所以他的诗歌读起来能让人感受到他的情。张平安的作品还有个特点就是朴实，这样朴实无华的写作姿态，也同样显示了诗人心灵的高贵。所以张平安的诗歌往往传达给读者的是一种清新和自然，这更是诗歌写作的又一种高贵的姿态，它的高贵就在于其诗的毫无做作。我想所谓的"情性所至，妙不自寻"的境界也许就是如此吧。

此外，《诗情画意山水间》一书，还记录了作者很多人生感悟和思考，特别是在"生命之歌"一辑里，有对心灵家园的探索，亦有对生命的思考。正如他在《生命的历程》中写道："先贤说'生如夏花之绚烂，死如秋叶之静美'至今记忆犹新。它在昭示一种生命的取向，一种认真的态度，一种庄重而凛然的面对和执着。"所以三十多年来，张平安始终不改铁道老兵本色，低调做人潜心做事。

正如张平安自己所讲,"写作,是一件很痛苦的事",但是,既然选择了这条道路,就当不忘初心,继续前进。张平安,一个永远的铁道兵,我们期待着他更多好作品的问世。

卷舒开合任天真

——李显波花鸟画初探

前不久参加成都市武侯区文联组织的文学艺术家重走长征路采风活动，得以结识李显波等一批文学艺术家，倍感荣幸，遵嘱为显波先生作品写上几句话。

输入"李显波"，百度会跳出数以万条关联，他出生于1965年，都江堰人，少年习画，深入学习传统技法，打下了扎实的基础。他勤奋好学，博采众长，广涉各派名家，是近年来活跃在画坛的实力派画家，云云。头衔有"四川省诗书画院特聘画师""四川省少城诗书画院院士""四川省长江画院副院长""特邀驻成都浓园艺术机构画家"等等一大堆。数年前我还在省委宣传部文艺处跑龙套时就知道"成都浓园"，但因种种原因，一直还没去过。我知道，在他这个年龄受都江堰地域局限，要入驻浓园，那他一定得有真功夫真水平！五天的重走长征路贵州赤水之行,让我们一行十人结下了深厚的情谊,相互之间也增强了了解和信任,随行的武侯区作协常务副主席、文联秘书长彭文春也一个劲地介绍显波的艺术成就,尽管如此,为了更进一步地深入了解李显波其人其画,我还是找机会去了一趟我一直想去的浓园艺术村。其实,我家也有一位亲人是画家,而且是全国顶尖的画家——我的表哥敬庭尧。我分别去过他在北京、拉萨和成都的工作室,也常混迹于他的画家圈,没吃过猪肉也算见过猪走。当我走进了浓园翠竹掩映的A区F23号李显波工作室时,顿时感到无比震憾:花团锦簇,一阵阵暗香浮动,一群群小鸟扑面而来,一条条鱼儿在荷下自由地嬉戏。荔枝红了、枇杷黄了、葡萄熟了,鸟啼虫鸣,奋力游动的小蝌蚪就要找到妈妈了……

现代中国的花鸟画是在传承并变革古代花鸟画的矛盾中生发的。从传承的一面讲,李显波的作品不仅仅是对清末技法、样相的简单延续,而是对整个古代中国画、古代花鸟画的美学传统的继承。明清二季,文人花鸟画成为主流,院体画、工丽派走向式微。文人画重人品、学问、才情、思想,弱化了造型的写实性、精微性及色彩的丰富性,强化了艺术的主观性、表现性、抽象性、书写性、随机性,强化了文思和多样艺术的综合性,强化了水墨语汇的纯正性。

李显波出身诗书世家,自幼受家庭熏陶酷爱书画,刻苦自学。曾师承雷启厚,取法其上,颇得师爷大画家董寿平先生遗风。跟师爷一样,李显波善画梅竹,朱砂红梅堪称绝技,写竹时笔墨简练,坚挺轩昂,构图空灵,以书法为之,浑厚古朴。笔下花鸟荷花极具生活气息,笔墨苍劲,繁简相宜。山水画卷则多以黄山奇峰老松为题材，不拘峰石之形似，而求整幅气韵的统一。那日夕阳西下，我们采风团一行在泸州叙永县酒足饭饱后，来到先市中学三楼美术教室，因陋就简，在临时拼搭的几张课桌上，李显波笔走龙蛇，因势利导，尽抒胸臆，一气呵成，一幅《荷花》瞬间展现于众人眼前，博得了阵阵喝彩。

作为画家，每个人都期望无为地自然地生息，然而艺术并不生存在真空里，花鸟画作为文化子系统的一个细科时时受到大文化背景的影响。在这个世纪里，给予艺术以重大影响的首先是政治的变革以及相应的意识形态的革命，另一社会文化因素是西学的冲击。西方文化不仅使整个中国美术形成了中西美术并存的格局，也为中国画融合西画的新派创造了机遇。由于写实主义的提倡，使重视物性、物理的宋代院体画展现了隔代复兴的希望。这种情势使文人花鸟画受到压抑，也间接地受到触动。西学的冲击只是使中国画坛丰富了营养，丰富了品类，使花鸟画多了一条融合西法的渠道，具有深厚文化传统和审美基础的花鸟画并没有被全盘西化论摧垮，却在"物竞天择"中显示出不凡的生命力。传统的中国中心论已被现实打破，西方文化中心主义只会刺激东方文化的自强信念。经过一个世纪的反省，我们悟到了民族意识、民族文化的可贵，也悟到了开放的全球意识的必要，中国花鸟画将在创造性转换中寻求其现代品格。中国花鸟画的这种创造性拓展不仅是中华民族的需要，也是以其独特性丰富世界文化之需要。李显波曾经毕业于清华大学美术理论研究与书画创作高研班，他在探索现代与传统相结合的表现方法上走出了新路。他将丰富的生活积淀转化为对绘画的无限激情，其作品表现严谨中透出浪漫，写实中散发飘逸。无论是鸿篇巨制还是斗方小品，都将瞬间的笔墨变化与感情全部融入其中，在笔墨的挥洒中使创作的内在感情跃然纸上，无不给人以生动而又鲜活的美的感受。

徐悲鸿对古代花鸟画评价最高，他认为"造诣确为古今世界第一位者，首推花鸟"，"画中最美之品为花鸟"，花鸟画是"世界艺术园地里，一株特别甜美的果树"。所以，他主张"以写实主义为出发点"，以"素描为一切造型艺术之基础"，复兴中国画和中国花鸟画。李显波于2012年6月出版了一本画册《李显波花鸟画集》，该册收集了《谁能有此口福》等30余幅作品，通过这些作品，充分反映出显波先生对西画塑形技巧和解剖、透视学的精深把握，对"写实"与"写意"取辩证观，以西画体面关系与中国画笔墨相结合描绘出的瓜果花鸟鱼虫，在情思和艺术表现层面上已经有了相当成熟的表现。

花鸟画家的内美及主客观意识，不仅在于人与社会的关系，还具体表现为人与自然的关系，后者更具花鸟画艺术的特殊性。梁启超说："境者，心造也。一切物境皆虚幻，唯心所造之境为真实。"这确与"三界唯心"的佛教思想一脉相承。但从他下文所举的有关花鸟诗句来看，"月上柳梢头，人约黄昏后"，与"杜宇声声不忍闻，欲黄昏，雨打梨花深闭门"，同一黄昏也，而一为欢憨，一为愁惨，其境绝异。"桃花流水杳然去，别有天地非人间"与"人面不知何处去，桃花依旧笑春风"，同一桃花也，而一为清净，一为爱恋，其境绝异。他的结论虽是"唯心所造之境为真实"的唯心学说，但却道出了百、千、亿人感触同一自然必有百、千、亿种"乃至无量数"心境的艺术哲理。在共性意识压倒一切的文化环境里，花鸟画家缺少的正是这种人各为一的心。李显波也曾投师于当代花鸟画家、中国美术家协会理事、四川美术家协会副主席秦天柱先生门下，深刻领略秦先生"有感而发，借物传情"的主张。李显波绘画作品追求意境，讲究构成，奔放而不粗狂，精微而不拘谨。画面清新淡雅，疏朗空灵，有诗一般的意蕴，天人合一，物我两忘。

　　李显波的作品，除了空灵的花草与神采飞扬的鸟儿让我难以忘怀外，给我印象最深的还有那一抹抹的墨荷。荷花，又名"芙蕖"，亦称"水芙蓉"。荷花的翠叶如盖，花大梗长，肥硕丰盈。"出污泥而不染，濯清莲而不妖"，是对荷花的最恰当的赞美。所以，荷花以其潇洒、高洁为人们所喜爱。荷花以白色、粉红为多见。白荷洁白无瑕，亭亭玉立，多为复瓣，环生于莲蓬底部，花心密集于莲蓬周围，写意画法有没骨、双勾、点勾筋及勾填等法。李显波喜欢画荷，平时处处留心荷花的图案，细心揣摩，他的工作室里，亦插有莲蓬朵朵，或立于枯枝，或卧于玉盘，时时观赏，日日把玩。作画时，他以大号提笔，饱蘸浓墨，侧笔铺锋，腹根着纸，从左至右写出荷花的前部，再用余墨向内画出荷叶的其他部位。此外，他用笔根淡墨接写内侧，墨色外重内淡，笔势归心，呈环状，并留出叶心空白，调清水将墨晕淡，以同样笔法写出左右侧的淡叶。然后，他再用中号画笔调淡墨，毫侧略吮重墨，由上向下、实起虚收，勾写荷花的前几片花瓣顺即勾写后面的花瓣及上侧的花苞，画面疏密有致，瓣口归心，笔端着重墨，中锋枯笔拖写花、花苞及叶的干，点写刺点，换小白云笔勾写花心莲蓬，取小号狼毫，调墨紫点写花心，用中号兼毫调淡墨，点写叶下苔，被写叶筋，取书画笔着焦墨，中锋加写数叶劲草，行笔流畅，取风动势，着色或青、或红、或粉，或一蜻蜓点水，或两尾红锦游弋，或一黄雀高歌，或一双水鸟戏水……意境空灵，余味无穷，栩栩如生，自如奔放，墨色浓淡不失情趣，层次变化更有生气。

　　唯有绿荷红菡萏，卷舒开合任天真。仅以李商隐《赠荷花》为结束语，衷心希望显波先生，再接再厉，再创辉煌，在今后的艺术生涯中，百尺竿头，更进一步！

历史大转折

——评电影《大决战》系列

2016年是红军长征胜利80周年,也是中国共产党建党95周年,我们之所以能过上今天的幸福日子,这都是老一辈的艰苦卓绝的革命斗争的结果,作为一名军人出身的文学青年,为了更好了解祖国的艰苦奋斗史,我再一次观看了历史题材电影《大决战》系列之《大决战辽沈战役》《大决战平津战役》《大决战淮海战役》。这三场大战役,直接削弱了国民党反动统治的军事基础,从而导致了国民党政权的土崩瓦解。

辽沈战役是1948年9月12日至11月2日之间进行的。第一阶段东北野战军主力南下,于10月15日打下锦州,歼敌10余万,俘获东北"剿匪"总司令部副总司令范汉杰,截断了北宁线,封闭了东北与华北的陆上通道。长春守敌动摇,一部起义,一部投诚,长春顺利解放。第二阶段从10月20日开始至 28 日,进行了辽西会战,东北野战军全歼了妄图重占锦州、夺路南逃的廖耀湘兵团 10 万余人。第三阶段从 10 月 29 日至 11 月 2 日,东北野战军解放了沈阳和营口,东北全境得以解放。辽沈战役共歼敌 47 万人,解放了东北全境,连同其他战场的胜利,人民解放军上升为 300 万人,国民党军队则下降为 290 万人,全国军事形势出现了一个新的转折点。从此,人民解放军不仅在质上占了优势,而且在数量上也占了优势。辽沈战役的胜利,使得人民解放军拥有了一个巩固的具有一定工业基础的战略后方,并拥有了东北野战军这支近百万人的战略预备队,为以后解放平津与华北创造了有利的条件。正如毛泽东同志所指出的"这是中国革命的成功和中国和平的实现已经迫近的标志"。

淮海战役从 1948 年 11 月 6 日发起,至 1949 年 1 月 10 日结束,分为三个阶段。第一阶段从 11 月 6 日至 22 日。华东野战军主力在徐州以东碾庄地区,围歼敌人黄伯韬兵团,击毙敌兵团司令黄伯韬。敌第三绥靖区副司令官、中共地下党员何基沣、张克侠率部 23000 人在贾汪、台儿庄地区起义。从 11 月 23 日至 12 月 15 日,是淮海战役的第二阶段。主要作战目标是歼灭由豫南赶来增援而孤军突击的黄维兵团。中原野战军在华东野战军一部的配合下,全歼敌第十二兵团于双堆集地区,生俘兵团司令黄维。在此期间,国民党徐州"剿总"副总司令杜聿明率领邱清泉、李弥、孙元良三个兵团撤离徐州,被华东野战军主力合围在陈官庄一带,孙元良兵团被歼灭。第三阶段从 12 月 16 日至 1949 年 1 月 10 日。人民解放军发起总攻,全歼邱清泉、李弥两个兵团,击毙兵团司令邱清泉,生俘副总司令杜聿明。至此，淮海战役胜利结束。这次战役共计歼敌55.5万人，解放了长江中下游以北的广大的地区。国民党统治的心脏地带京、沪一带完全暴露于人民解放军的攻击之下。

平津战役是1948年11月29日至1949年1月31日之间进行的。平津战役第一阶段从1948年11月29日至12月21日，根据中共中央军委确定的对平、津、张实行"围而不打"或"割而不围"的作战方针，人民解放军完成了对平、津、张的战略包围和战役分割任务，使敌人失去南逃或西窜的可能，造成了解放军从容歼敌的态势。第二阶段从12月21日至1949年1月15日，人民解放军按照先打两头、后取中间的作战方针，先歼灭新保安之敌两个师，接着歼灭由张家口突围之敌七个师，并于1月14日总攻天津，全歼守敌13万人，生俘敌警备司令陈长捷。第三阶段从1月16日至31日，在中共北平地下党组织和民主党派无党派爱国人士的有力促进下，经过谈判，傅作义率部25万余人接受和平改编，北平和平解放。整个平津战役共歼灭和改编敌军达52万人，华北基本上获得解放，并使华北、东北这两大解放区完全连成一片。

三大战役环环相扣，紧密关联，波澜壮阔，高潮迭起。三大战役共进行了142天，歼灭敌人173个师，共计154万多人。连同在此期间其他地区的作战，人民解放军共计歼敌182万人。这意味着国民党赖以维持其反动统治的主要军事力量基本上已被消灭。中共中央、毛主席在西柏坡运筹帷幄，决胜千里，创造了战争史上的奇迹。三大战役的胜利，是中国历史的大转折，奠定了解放战争在全国胜利的基础。

三部电影每一部都达到210分钟，全景式地描绘出辽沈、淮海、平津三大战役的详细过程。可以说，本系列电影是一部了解解放战争史的最好教材。看完精彩的电影后，我的心情久久不能平复。我们现在的幸福生活真的是来之不易，这一切要感谢解放军，是他们，为我们而拼搏，是他们，为人民赴汤蹈火在所不辞！

古语有云："得民心者得天下，失民心者失天下。"中国共产党代表了中国广大人民群众的根本利益，其革命目的是推翻帝国主义、官僚资本主义和封建残余势力在中国的反动统治，为人民谋福利，为中国谋前途，得到人民群众的支持，决定了革命必胜。中国共产党以先进的马列主义、毛泽东思想为理论指导，同时又能根据中国革命的具体实践做出有利的调整，最终凭借先进理论与正确实践的结合领导中国人民取得了解放战争的胜利。中国共产党建立了广泛的人民民主统一战线，团结了一切可以团结的力量，孤立了不得民心的国民党反动政权，终将其埋葬在战争的汪洋大海中，取得了解放战争的伟大胜利！

作为一名有着十多年军龄的老兵，我对战争题材影视作品情有独钟。《大决战》系列三部电影，可以说是总共28届金鸡奖最佳影片中最好看的一个系列，没有之一。影片剧情引人入胜，人物塑造丰满，影片描绘全面，场面大气磅礴，音乐恢宏、荡气回肠，演员表演精湛。

首先，《大决战》系列剧情引人入胜。从第一部《辽沈战役》开始，影片就深深吸引住观众的心。东北如何打？长春打不打？沈阳打不打？影片通过细腻的方式描绘了林彪的犹豫不决。其后，当战争开始后，影片给每一场战斗都留下悬念，比如某某部队是不是能及时取得胜利，某某部队是否能坚守得住，等等。这些颇具看点且吸引人的剧情，从《辽沈战役》开始，一直延续到《平津战役》。即使《平津战役》中由大规模作战变化为"谈"还是不"谈"的悬念，影片依然紧紧抓住观众们的心不放。总之，三部影片每十几分钟就会有一个新的看点，让我在不知不觉中度过了影片漫长的630分钟。一部巨作可以做到此种程度，在中国电影中太难得了！

其次，人物塑造丰满。这是影片成功与好看的关键。看过三部影片后，我们能记住一大批人物。比如，谈笑间指挥千军万马的毛泽东、喜欢干预军队指挥的蒋介石、谦虚内敛的杜聿明、顾虑多多的林彪、性格直来直去的邱清泉、用兵大气的粟裕……看着这些人物，让我们在回顾历史的时候，记得的不只是这些人没有生命的名字，而是一个个活灵活现的人物。中共这些人物，为中国的革命事业做出了巨大的贡献，理应被后人记住；但平面的人名和简单的文字，很容易被人们遗忘。通过多维度的影视形象，通过演员的再塑造，让人们进一步记住了这些事记住了这些人，就使得电影具有很强的历史意义。此外，电影没有脸谱化人物。片中人物，没有对与错，没有正义与邪恶，都是有着血肉之躯的中国人，这些使电影充满了真实感。尤其是对于蒋介石的塑造，他在《平津战役》中巡防南京结束后说出的一番话，颇具肺腑之心，可以明显感觉出他真的不想离开南京。总之，将这些历史人物还原为真实的人，是影片在人物塑造方面的另一大优点，让我们看到"国民党反动派"也不都是"大坏蛋"，也都有着真情实感。

其三，电影描绘方式是全景式的，几乎涵盖这三大战役的方方面面。上至毛泽东领导的中共中央军委、蒋介石领导的国民党国防部，中至国共双方的战役指挥、战场指挥，下至普通士兵的某一场战斗，以及战场前线的支边群众等等，影片将战争的每一个细节都描绘其中，让观众从任何一个角度都可以真实地了解这三大战役。本片编导们竟然能将如此大规模的影片细化到某一个战士身上，实在可敬，可见编导的指挥与调度能力非常出色。我在日常工作中，往往就做不深做不细，尤其在文学创作中更应学习这种深入细致的精神和作风。

其四，三大战役场景之壮阔，堪称全球之最。本片的战争场面波澜壮阔，从万炮齐发到上千人的冲锋陷阵；从国民党军队的机械化运输到共产党的手推车支边；从国民党军队的空袭到解放军的坦克进攻，等等。这些画面将战场上的真实与残酷以及规模，一一呈现在观众面前。这些还都不是本系列电影最震撼的。影片最大的手笔、让其他国产影片黯然失色的，是对于航拍的运用。航拍，本系列几乎用烂了，从廖耀湘兵团的机械化行军，到黄伯韬、黄维兵团的被围与突围，以及天津津塘桥解放军的胜利大会师，这些场景中都有长达数分钟的航拍及特写。至于，表现气势与人物情绪的俯拍，更是比比皆是。比如毛泽东在黄河上、蒋介石在南京的各个角落，等等。总之，本片拍摄上的大气，不是几千人、几万人塑造出来的，而是成千上万的演员与不惜血本的投入汇聚而成的，是真正的"前无古人"！

还有，电影音乐完美贴合剧情，适时渲染出影片的情绪。

影片音乐在风格上可以分为三种：一种是表现伟人气质与胸怀的，舒缓而悠扬；一种是表现国民党军队惨败时的，灰色而阴沉；一种是表现解放军战场胜利的，激昂而振奋。电影通过这三种主旋律，完美地衬托着剧情，使得影片锦上添花。这也是中国为数不多的能够将音乐与剧情紧密结合的电影。

此外，这三部影片的演员塑造人物完美。影片从史实出发，深入挖掘了历史人物深刻的内心活动，表现出了毛泽东、林彪等人的军事才能和解放军的历史功绩，并对国民党内部不团结、钩心斗角、尔虞我诈和政治腐败也进行了描述。电影相较于以往革命战争题材电影，在场面设计和人物造型上都属于经典之作，人物的细腻刻画，使该片在观赏性和艺术性方面均取得一定成就。片中历史人物繁多，角色繁多。无论戏份多少，该系列的演员整体上成功地塑造了他们所扮演的各个历史人物。片中给我印象最深的是蒋介石扮演者赵恒多，他将一个大势已去、又不甘于现实的人物塑造得真实而丰满。他在《淮海战役》中的怒火与《平津战役》中的悲情，分寸、火候都拿捏得恰到好处。他不仅是一个好的特型演员，也是一个好演员。片中毛泽东的饰演者古月也同样出色，颇具伟人气质，而且与毛泽东太像了！

此外，三大战役的《大决战之三——平津战役》给人以较深的启迪，虽然三大战役最终以国民党军队的失败和人民解放军的得胜而告终，但不管怎么说，以上百万人的死亡换来的胜利都是令人心痛的，不管是解放军还是国民党军，他们都是父母的孩子，都是中国人，都是鲜活的生命。这三大战役中，我觉得真正胜利而且赢得最漂亮的莫过于北平和平解放。《孙子兵法》里讲："不战而屈人之兵，善之善者也。"北平的历史地位太重要了，里面的历史建筑和大学是不容破坏的，和平解放是上上策啊！《论语》里，子谓《韶》："尽美矣，又尽善也。"北平的和平解放绝对是尽善尽美矣！

  三大战役过去快七十年了，英雄的鲜血不会白流，历史不会忘记，人们更不会忘记！我们更应该珍惜现在的幸福生活，认真工作，好好生活，多为社会做贡献！

戏说沙悟净的大智慧

　　我习惯于称他沙悟净，而不是沙僧、沙和尚，就像称内心真正敬重的人为老师而不是老板、老总什么的，因为我觉得他是一个有大智慧值得敬重的人。
　　沙悟净是中国古典小说《西游记》中的主要人物之一，他原为天宫玉皇大帝的卷帘大将，因打破了琉璃盏，触犯天条，被贬出天界，在人间流沙河兴风作浪，为害一方。后经观音点化，赐法号悟净，一心归佛，同八戒、悟空一同保大唐高僧唐玄奘西天拜佛求经，最终功德圆满，被如来佛祖封为南无八宝金身罗汉。《西游记》作者吴承恩在整部小说中，虽然对沙悟净着墨不多，但他笔下的沙悟净一心跟着唐僧，忠心耿耿，正直无私，任劳任怨，谨守佛门戒律，为人低调沉稳不张扬。尽管大家把更多注意力投向神通广大的行者孙悟空和笨拙搞笑的八戒猪悟能，但相信一提起沙悟净，人们的心里会产生一种平和，发出一声赞叹：忠诚憨厚踏实的人是最可爱的！这才是沙悟净的人生大智慧。

　　沙悟净为人低调不张扬，这种品质难能可贵。他出生高贵，学贯中西，"我自小生来神气壮，乾坤万里曾游荡。英雄天下显威名，豪杰人家做模样。万国九州任我行，五湖四海从吾撞。皆因学道荡天涯，只为寻师游地旷。三千功满拜天颜，志心朝礼明华向"。这是他自己告诉猪八戒的，他曾在玉皇大帝身边为官，具体工作应该是直接为玉帝贴身服务卷帘，这项工作一定得又红又专才行，假若他思想有问题、人品不好、作风不好，哪怕是口风不好的话肯定不会让他去干。试想你现在一般人能调进中央工作么？能直接在领导人身边服务么？此外，沙悟净除了卷卷帘子，他还有一项重要任务——兼职玉帝贴身保镖。玉皇大帝管神仙，是神仙中的神仙哪，他这个位置，得有多少人想坐？那得多少神仙想去争？有没有其他神仙暗算他？所以，沙悟净表面工作是卷卷帘子，实际工作是玉皇大帝的贴身保镖，这样他卷帘大将的职务就通了，大将军嘛，否则的话只是打扫打扫卫生，怎么可能做将军？你现在到北京城能跟我找出一个扫地的擦玻璃的将军来么？既然是大内高手，那他一定功夫了得，是的，《西游记》第二十二回"八戒大战流沙河　木吒奉法收悟净"中写道：话说唐僧师徒三众，正行处，只见一道大水狂澜，浑波涌浪。三藏在马上忙呼道："徒弟，你看那前边水势宽阔，怎不见船只行走，我们从哪里过去？"八戒见了道："果是狂澜，无舟可渡。"那行者跳在空中，用手搭凉篷而看，他也心惊道："师父啊，真个是难，真个是难！"行者道："径过有八百里远近。"忽见岸上有一通石碑。三众齐来看时，见上有三个篆字，乃流沙河，师徒们正看碑文，只听得那浪涌如山，波翻若岭，河当中滑辣的钻出一个妖精，十分凶丑：一头红焰发蓬松，两只圆睛亮似灯。不黑不青蓝靛脸，如雷如鼓老龙声。身披一领鹅黄氅，腰束双攒露白藤。项下骷髅悬九个，手持宝杖甚峥嵘。那怪一个旋风，奔上岸来，径抢唐僧，慌得行者把师父抱住，急登高岸，回身走脱。那八戒放下担子，掣出铁耙，望妖精便筑，那怪使宝杖架住。他两个在流沙河岸，各逞英雄。这一场好斗：九齿耙，降妖杖，二人相敌河岸上。他两个来来往往，战经二十回合，不分胜负。后来，孙悟空上前帮忙，还是河妖的沙悟净才转身钻入流沙河。这里可以看出沙悟净的本事武功并不在猪八戒之下，同时他还能审时度势。这是第一仗。第二仗，与前不同，你看那：卷帘将，天蓬帅，各显神通真可爱。那个降妖宝杖着头轮，这个九齿钉耙随手快。跃浪振山川，推波昏世界。凶如太岁撞幛幡，恶似丧门掀宝盖。这一个赤心凛凛保唐僧，那一个犯罪滔滔为水怪。只听得波翻浪滚似雷轰，日月无光天地怪。二人整斗有两个时辰，不分胜败。再次证明，沙悟净功夫与猪八戒不相伯仲。虽陆上功夫不如孙悟空，但水上功夫却胜过孙悟空。后来，还是观音派木吒来，告诉沙悟净跟唐僧做徒弟去西天，用他项下挂的骷髅与葫芦，按九宫结做一只法船，渡唐僧过流沙河，从此忠心追随唐僧，不曾有半点分心走神。

　　这里讲到，沙悟净武功与猪八戒相当，排名却在猪八戒之后，每次出场站位亮相他都站最后，他却从无怨言，说明他心胸宽广，同门师兄弟三人，孙悟空、猪八戒常常云里来雾里去，除了探个路化个缘最多就是替师父牵个马，可是，自从在流沙河跟了师父唐僧，沙悟净便行李担子不离肩，这可是最重的活，他任劳任怨从来没有撂过挑子，这人品这作风真不愧是跟着中央主要领导身边学过的。当然，这也是唐僧对他的充分信任。试想，师徒四人身份证、护照等重要物件都在行李里面，所以唐僧才从头到尾交给沙悟净挑着；试想，我们现在跟领导出差，他会把他的身份证、银行卡随便给人么？他一定是给他最信任的人去给他开房结账不是？在后来的每次降妖除魔战斗过程中，因为革命分工不同，他的主要工作基本上都是在大师兄悟空安排下在二线"保护师父"、默默无闻地照看行李还要安抚那个啰啰唆唆尽添乱的师父，而一线最容易出成绩出政绩，彰显个人才干吸引眼球甩开膀子干事业的"打妖怪"工作都被爱表现的孙悟空和爱吹牛的猪八戒抢先了。你以为沙悟净他不想上一线打妖怪么？你当他真的那么善良？你忘了他在流沙河天天吃人，当初可是想把唐僧师徒都抓来吃掉的狠角色？空有一身功夫，长期以来，每次打妖怪自己都当板凳队员，他手不痒痒？心里不难受？但是，他却能隐忍，而且从不表现出来，通篇查找《西游记》你能找到一次，沙悟净发牢骚说老子不干了，凭什么总是老子看行李，一次上一线立功受奖的机会都不给？没有，你找不到，他根本就不会那样干！沙悟净唯一一次出手打死妖怪的，是在"真假美猴王"里，他把六耳猕猴弄出来的假沙僧给打死了。这就是沙悟净，他加入取经团队以后，基本上没有出什么大力气打妖怪，有一种解释是观音许诺取经回来后仍然让他官复原职，所以他根本没打算在佛祖手下做事，有立功的机会都让给师兄们。另外，沿途的妖怪有天庭背景的居多，自己将来还要返回天宫做卷帘大将，没必要四面树敌。所以，他只要维护队伍的团结，不让西天之行半途而废就行，到时候一交差，自己就跟佛祖再见，回到玉帝的怀抱了。所以，他低调到了无人能及永不可超越的地步。当然，他的低调和隐忍还跟他的出身有关，试想，一天从早到晚在中央领导身边，事事小心谨慎，眼观六路耳听八方，估计走路都不敢脚后跟着地，就这样子下来，仅仅因为打碎了一个小玻璃盏就被罚，挨八百杖击，打得是皮开肉绽，然后贬职一撸到底离开仙界，这处罚怎么说也是小题大作，量刑过重。而且在流沙河他也并不像其他妖怪那样逍遥自在，七日一次飞剑穿胸，身心皆痛，随时提醒自己罪孽深重，其实，不就是打烂个玻璃盏吗？到底有多深重的罪孽呢？于是沙悟净在流沙河等待唐僧师徒的那些寂寞而痛苦的日日夜夜里，他不停地反省自己的人生，反省一层，城府更深一层，最后总结出了"小心"二字，后来的人生便事事小心，处处低调，低调得甘愿被忽略，给人感觉他老实得近乎窝囊，那是他的过往经历教会他的，只有把自己藏得好才安全。

　　沙悟净外貌丑恶，但个性憨厚，忠心耿耿。他不像孙悟空那么叛逆，也不像猪八戒那样好吃懒惰、贪恋女色。自他放弃妖怪的身份起，便成了取经团队里不能缺少的重要人物。他平和、冷静、有耐心，承担了大部分取经团队的事务性工作。事实证明，他能够胜任这份工作并且持之以恒，而且能够在压力下保持冷静。别看他平时默默无闻，可每次到了最后的关头都是他来稳定局面。

人说面带猪相心中嘹亮，表面五大三粗的沙悟净在处理人情世故上要比猴哥和八戒高明得多，比如孙悟空一听说红孩儿是牛魔王的儿子，便大喜过望，头脑发热，急着要去认亲。此时的沙悟净却非常冷静客观，他说："三年不上门，当亲也不亲，你与他相别五六百年，又不曾往还杯酒，又没有个节礼相邀，他哪里与你认什么亲耶？"结果，果不出沙悟净所料，孙悟空与猪八戒高高兴兴地上门去，却吃了红孩儿的一番三昧真火，败兴而归。平时很平和、宽厚，看起来什么都无所谓的样子，其实是"事不关己高高挂起"与"明哲保身"的老到和圆滑。孙悟空三打白骨精之后，被唐僧念咒驱逐时，沙悟净是怎么表现的？当他的"老好人"，既不支持也不反对，眼看着大师兄孙悟空快被师父念咒念死了，他为了不违拗师父，一句劝解的话都没有，一直保持沉默，不表态，不掺和。人无完人，沙僧既不帮大师兄说话，更不会帮二师兄说话。沙僧也有不地道的时候，孙悟空被赶走后，八戒在黑松林化斋不得，把头拱在草里睡觉时，唐僧左等右等等不到八戒的斋饭，这时他便不失时机地说："师父，你还不晓得哩。他见这西方上人家斋僧的多。他肚子又大，他管你？只等他吃饱了才来哩。"

　　他的团队精神和大局观念永远值得我们去学习。沙僧在取经队伍中主要承担侍卫官和后勤部的工作。他长年累月地准备早膳、刷洗马匹、打水、挑担、牵马、扛树……每有敌情，他往往是服从大师兄的安排，看守行李、护卫师父。他深知这是身负平妖重任的大师兄难以顾及的，也是懒惰而粗心的二师兄难于尽心的，便任劳任怨、尽心尽力地承担起这些琐碎而平凡的工作。在团队当中，沙僧这样的成员往往是最不容易引起重视的，但是确实是组织当中最为踏实和坚持的成员。不同于喜欢打破常规、对新鲜感有着天生冲动的猪八戒，沙和尚属于那种对于"确定性"有着深深依赖的类型。那些在于别人看来特别乏味、枯燥、机械的工作，沙僧却能坦然接受，并且兢兢业业地去努力完成。相比之下，善于管理和运营的孙悟空和唐三藏都是职场当中猎头特别青睐的对象，而关系网遍布天下的猪八戒，则是有着各种各样的职业发展通道供其选择，唯独沙和尚，期待能够在一个地方就这样有条不紊地工作下去。因为对于他来说，去适应新的工作环境、工作内容和工作关系，有着太多的"不确定性"，还是原有已经熟悉的地方更能给予自己安全感和存在感。

　　沙悟净信念坚定，目标明确，是唐僧取经路上的忠实追随者和支持者，孙猴子不取经还可以回花果山当他的美猴王齐天大圣，猪八戒不取经可以回高老庄，还有个年轻漂亮的高小姐在等着他呢，沙僧不取经能回哪里？回流沙河七日一次飞剑穿胸？所以沙僧只能坚定地取经，如果某一天，团队真的散伙了，他也将是受到伤害最大的那个人。也正基于这样一个实属无奈的原因，他是团队当中为数不多的发自内心期待队伍能一直走下去的人。所以说，沙和尚是唐僧取经途中的一个忠诚卫士和最坚定的支持者，也是让师父操心最少的一个徒儿。肩挑千里重担，没有半句怨言。师兄闹矛盾时，他从中调停和解；师父遇危难时，他挺身而出，以死相救。尽管平时少言寡语，但在保护师父的战斗中冲锋陷阵，英勇无比。沙和尚，忠心耿耿任劳任怨的态度和低调沉稳的大智慧，永远值得我们学习和借鉴。

后 记

2006年夏,我从遥远的边城乌鲁木齐转业回到了阔别十七年的家乡天府之国。多年的部队生活让我几乎有种与世隔离之感,哭着闹着终于回到了成都。然而当我面对第二次就业时可谓两眼一抹黑,对地方组织机构和人事政策等一窍不通,更不用说人情世故了。抱着在部队时发表的一本本豆腐块剪贴和一些拿不出手的所谓狗屁文章及一大摞立功受奖荣誉证书复印件,我先后去了几个省直大单位。记得那时有个单位的人事处处长拿出一份名单对我说:"小税,你看,来我们单位投送简历的共有十二人,论年龄、学历和能力等,你应该排第一,但是,这个是谁谁谁打过招呼的,那个是谁谁谁打过招呼的……你能不能也找个人打个招呼?"听完这话,我内心阴影的面积瞬间达到最大值!

按照这个人事处长的"点拨",我便去了省政协,我知道省政协当时有位领导是老乡，政协也不错嘛。从政协回来，沿红星路下穿隧道出来，不经意发现了省作协。作协？才知道还有这么个单位，与政协仅一字之差，我仿佛看见前方突然亮起了一盏闪亮的明灯，第二天临时打了两页的简介投了过去。没过几天，省作协时任党组书记吕汝伦召见谈了个话，再几日，时任人事处长曹蓉打电话叫我先到单位帮忙。在家闲了几个月，正找不到事干，抱着几分好奇和几分试试看的心态，于是开始了人生第二份工作。

  进入红星路二段85号四川省作家协会大院，那是2006年7月8号，创联部是我的第一个工作部门。弹指间，来省作协工作整整十年了；谈笑间，我的人生已进入不惑之年。虽无多少建树，但自认为幸运之神给了我一份好差使。在这样一个好单位里，遇到的好领导、好同事，让我的幸福感爆棚。

其实，我是学汽车管理专业出身的，严格地说与文学不沾边，在部队时搞点小豆腐块亦是小打小闹，兴趣使然。好在"近朱者赤近墨者黑"，十年来，在这个院子里天天耳濡目染接受文学的熏陶，经见了不少文学前辈和大家，阅读了大量经典非经典的著作，更结交了许多文朋诗友，这些都是上帝赐予我的无价之宝。同时，我把工作之余的闲暇之间用于爬格子，在人前和纸后彰显个人性情，偶尔整上几句就算附庸一下风雅。现将近几年给一些老师和文友撰写的序、评结集成册，或许是些无关痛痒、东鳞西爪的散乱闲杂文字，除供虫蚀鼠咬外，若能博君驻足，幸矣！足矣！

我的文字我的世界，生如斯！美如斯！